Frieder Boller

Selbstführung in stürmischen Zeiten

Wie wir krisenfester und konfliktfähiger werden

NEUFELD VERLAG

BIENENBERG
INSTITUT COMPAX

Edition Bienenberg, Band 8

Die Edition Bienenberg erscheint in Zusammenarbeit mit dem Bildungszentrum Bienenberg, Liestal/Schweiz, www.bienenberg.ch

Das Institut Compax für Konflikttransformation ist eine Fachstelle des Bildungszentrums Bienenberg, www.compax.org

MIX
Papier aus verantwortungsvollen Quellen
FSC® C083411

Druck und Bindung des vorliegenden Buches erfolgten in Deutschland

Das verwendete Papier ist FSC-zertifiziert. Als unabhängige, gemeinnützige, nichtstaatliche Organisation hat sich der *Forest Stewardship Council* (FSC) die Förderung des verantwortungsvollen und nachhaltigen Umgangs mit den Wäldern der Welt zum Ziel gesetzt

Die Deutsche Bibliothek verzeichnet diese Publikation in der Deutschen Nationalbibliografie; detaillierte bibliografische Daten sind im Internet über www.d-nb.de abrufbar

Umschlaggestaltung: spoon design, Olaf Johannson
Umschlagbilder: Andrey Polivanov;
Aleksandrs Muiznieks/Shutterstock.com
Lektorat: Wilhelm Schneider, Wendtorf
Satz: Neufeld Verlag
Illustrationen im Innenteil: Eric Braun, Bildungszentrum Bienenberg
Herstellung: CPI – Clausen & Bosse, Birkstraße 10, 25917 Leck

2., durchgesehene Auflage 2021

ISBN 978-3-86256-159-9, Bestell-Nummer 590 159

www.neufeld-verlag.de

Bleiben Sie auf dem Laufenden:
newsletter.neufeld-verlag.de
www.facebook.com/NeufeldVerlag
www.neufeld-verlag.de/blog

NEUFELD VERLAG

INHALT

Hier finden Sie gratis Videos zu jedem Kapitel sowie Material für Kursleitende:

- https://de.bienenberg.ch/sfisz20201
- Passwort: sfisz20201

UNSERE WICHTIGSTE AUFGABE

VORWORT VON THOMAS HÄRRY

Bevor die nordamerikanischen Indianer dank den Spaniern zu Pferden und Gewehren kamen, jagten sie ihre Bisons mit einem einfachen, aber effektiven Trick: Mit Geschrei und wilden Gesten versuchten sie einzelne Tiere einer Herde zu erschrecken. Gelang dies, entstand eine sogenannte Büffelpanik: Wenn in einer Gruppe von Fluchttieren auch nur ein Tier panisch wird, geht ein Ruck durch die ganze Herde. Unvermittelt setzt sie zur kollektiven Flucht an, weil sich die Furcht und der Stress eines einzelnen Tieres in Sekundenschnelle auf die anderen übertragen. Die Herde weiß nicht, wo die Gefahr lauert und ob sie real ist. Aber sobald ein Bison wahrnimmt, dass die anderen neben ihm, vor oder hinter ihm zur Flucht ansetzen, beschleunigt auch er sein Tempo. Gelang es den Indianern, eine solche Büffelpanik anzuzetteln, mussten sie nur noch eines tun: die wild nach vorne preschende Büffellawine so lenken, dass sie auf einen Abgrund zuraste. Die kopflos gewordene Herde erkannte die Gefahr nicht. Ungebremst stürmte sie auf die Klippe zu, unfähig, die Richtung zu ändern. Die Tiere stürzten in die Tiefe, wo eine andere Gruppe von Jägern auf die zerschellten Tiere wartete. Abgestürzte Bisons zu erlegen war ein leichtes Spiel …

Wo Menschen miteinander unterwegs sind, lässt sich ähnliches beobachten: In Familien, Teams, Kirchgemeinden, Organisationen, ja, in ganzen Staaten kann es vorkommen, dass sich die Anspannung und Furcht Einzelner auf ihre Mitmenschen überträgt. Verunsicherte Menschen suchen ein Ventil. In der Hoffnung, sich selbst Erleichterung zu verschaffen, suchen sie Verbündete, die ihre Bedenken teilen. Doch wer seine Angst weiterträgt, halbiert sie nicht, er verdoppelt sie. Das gilt besonders dann, wenn sich sein Umfeld davon anstecken lässt. So können innert kurzer Zeit Beziehungssysteme in einen Zustand furchtsamer Erregung geraten – die Bisonherde lässt grüßen. Die Folge sind unüberlegte, von unnötiger Hektik und Angst geprägte Verhaltensmuster. Ganze Organisationen können im daraus resultierenden Gewirr aus Mobbing, Sofortkündigungen, Aufständen, Kungeleien, Verleumdungen, eskalierenden Konflikten, Strafaktionen und Machtgebaren destabilisiert werden und sich selbst schachmatt setzen.

Doch es muss nicht so weit kommen. Das Beste, was wir Menschen angesichts entfesselter Dynamiken tun können, ist, uns selbst zu führen. Was das heißt, begann ich vor rund zwanzig Jahren zu verstehen, als ich Leiter einer größeren Kirche wurde. In den Jahren zuvor hatte diese Gemeinde einige Krisen erlebt. Schon bald war ich als Pfarrer mit mancher Unsicherheit konfrontiert, die ihre Wurzeln in der Vergangenheit hatte, aber in die Gegenwart nachwirkte. Ich suchte nach Wegen, wie ich damit (und mit einigen meiner Führungsfehler darin) besser umgehen konnte. Ich begann zu verstehen, dass der Schlüssel guten Leitens primär in meinem eigenen Verhalten lag. Ich kam immer dort nicht vom Fleck, wo ich von anderen erwartete oder gar forderte, dass sie dieses oder jenes tun oder nicht tun sollten. Und so suchte ich nach der rechten Haltung für mich selbst. Eines Tages begegnete ich dem folgenden Zitat des Managementvordenkers Peter Drucker: „Die meisten Führungskräfte werden sich in ihrem ganzen Leben nicht bewusst, dass sie nur eine Person zu führen haben, nämlich sich selbst.“ Dieser Satz öffnete mir eine Türe. Er gab mir die passende Bezeichnung für das, was ich mehr und mehr als meine Aufgabe verstand: Es geht darum, dass ich mich selbst führe. Gute Führung ist nichts anderes als die Frucht guter Selbstführung. Dieses Thema ließ mich nicht mehr los. Ich entdeckte, wie deutlich auch die Bibel über das damit verbundenen Anliegen spricht, zum Beispiel Paulus in Apostelgeschichte 20,28: *Gebt acht auf euch selbst, und auf die ganze Herde, in der euch der Heilige Geist als fürsorgliche Hirten eingesetzt hat…* (vgl. auch Galater 6,1–5). Schon für Paulus war klar: Gute Führung beginnt bei der Führungsperson; sie beginnt mit Selbstführung.

Einige Zeit später besuchte ich eine vom *Institut Compax für Konflikttransformation* angebotene Weiterbildung auf dem Bienenberg im schweizerischen Liestal. Auch hier ging es um diese entscheidende Frage: Wie führt eine Führungskraft sich selbst inmitten des angespannten Beziehungssystems einer Organisation? Was kann sie dazu beitragen, damit sie angesichts einer sich abzeichnenden Büffelpanik nicht mitgerissen wird – und auch selbst keine verursacht? Dabei lernte ich Frieder Boller, den Autor dieses Buches, und die anderen Mitarbeitenden des *Instituts Compax* kennen und schätzen. Mit ihrer Vermittlung der wegweisenden Studien von Murray Bowen und Edwin Friedman, den Pionieren der Familiensystemtherapie, leisten sie im deutschsprachigen Raum eine enorm wichtige Multiplikationsarbeit. Während in vielen Organisationen und Kirchen der USA seit Jahrzehnten mit diesen Erkenntnissen gearbeitet wird, gibt es im deutschsprachigen Raum viel Nachholbedarf. Denn die in einem Beziehungssystem angewendete Selbstführung trägt wesentlich zu einer gesunden Dynamik in einer Familie, einer Gruppe oder Organisation bei. Dabei ist es besonders hilfreich, wenn die sich selbst führende Person aus den Quellen des christlichen Glaubens schöpft. Denn gute Selbstführung ist nicht so sehr ein Akt des Willens und Könnens. Sie ist Gottes Geschenk an dafür offene Menschen.

Ich freue mich deshalb außerordentlich über das vorliegende Buch von Frieder Boller. Es gehört in die Hand jeder Führungsperson, egal, ob sie ein Team führt, in einer Kirche oder in der Wirtschaft tätig ist. Genauso empfehle ich dieses Buch allen Eltern, Erzieherinnen und Erziehern. Ich hoffe, dass angehende Lehrkräfte und Leitungspersonen sich bereits in ihrer Ausbildung gründlich mit den hier präsentierten Inhalten auseinandersetzen. Besonders freut es mich, dass dieses Buch zur Erarbeitung in Gruppen ermutigt und mit Vertiefungsmöglichkeiten im Internet verknüpft ist. Damit wird das Thema anschaulich und praktisch erschlossen.

Deshalb: Lassen Sie sich von diesem Buch inspirieren! Lernen Sie Wege kennen, inmitten einer Büffelpanik Gott zu vertrauen und besonnen zu bleiben. Lernen Sie, sich selbst zu führen und gerade damit anderen zu geben, was sie am meisten brauchen: Orientierung und gelassene Präsenz.

Aarau, im Frühjahr 2020

Thomas Härry

Autor (*Von der Kunst, sich selbst zu führen*,
Die Kunst des reifen Handelns u. v. m.), Berater von Führungskräften und Dozent am TDS Aarau, HF Kirche und Soziales.

„Wenn die Wurzeln tief sind, braucht man
den Wind nicht zu fürchten."

Aus China

EINLEITUNG

Im Zusammenleben von Menschen kommt gelegentlich heftiger Wind auf. Er bestürmt die eigenen Bedürfnisse, Gefühle und Interessen, zerzaust die gesitteten Umgangsformen und unbefangenen Verhaltensweisen. Aus Gegenwind wird Wirbelwind. Der hat nicht nur mich selbst erfasst, sondern auch andere. Der wirbelt die Verhältnisse durcheinander.

Wie kommt das? Woher kommt das? Wie kann ich dem standhalten? Was sind Wurzeln, die mich einerseits halten und mir andererseits den unersetzbaren Bewegungsraum geben? Anders gefragt: Wie kann ich im Durcheinander eines Miteinanders besser mit mir und anderen klarkommen? Davon handelt dieses Buch.

Den Anstoß, mich mit dieser Thematik näher zu befassen verdanke ich zunächst einmal einem massiven Konflikt zwischen zwei Gruppen innerhalb einer Gemeinde, in der ich vor 30 Jahren Pastor war. Kommunikations- und Mediationsmethodik zu kennen war das eine. Aber die im Hintergrund wirkende Beziehungsdynamik zwischen Menschen besser verstehen zu lernen das andere. Eine hilfreiche Sicht eröffnete mir vor zwanzig Jahren das Kennenlernen der systemischen Ansätze von Murray Bowen (Psychiater und Psychotherapeut) und Edwin Friedman (Rabbi und Familientherapeut).

Dass ich selbst der einzige Mensch bin, den ich ändern kann, ist eine Binsenwahrheit. Und dass wir Menschen in unseren Beziehungen wie in einem Mobile miteinander verbunden sind und uns daher gegenseitig beeinflussen – zum Guten wie zum Schlechten – ist ebenso bekannt. Der im Rahmen meiner damaligen Fortbildung am Lombard Mennonite Peace Center (Chicago, USA) entstandene systemische Blick hilft mir, besser zu begreifen, was es heißt und wie das funktionieren kann, mit Spannungen umzugehen, konfliktfester zu werden und Veränderungen bewirken zu wollen – egal ob in der Partnerschaft, der Familie, einem Team, einer Organisation oder einer Gemeinde. Auf den Punkt gebracht bedeutet das: Mein Beitrag für konstruktive(re) und konfliktfeste(re) Beziehungen besteht am besten darin, wenn ich

- *mich auf mein Denken, Fühlen und Handeln konzentriere* anstatt auf das, was andere (nicht) tun oder tun sollten oder wie sie nach meiner Meinung sein sollten;
- *intensiv und ehrlich versuche, mir darüber klar zu werden, was ich will,* was mir wichtig ist, was ich kann, woran ich glaube, wofür ich stehe – und nicht so sehr darüber, wie ich die Beziehung angenehm und störungsfrei halten kann;
- *von mir rede anstatt von anderen:* „Ich meine …, ich glaube …, ich möchte …“ anstatt: „du bist …, du solltest …, andere sagen auch …“. Und ebenso andere ermutige, auch von sich selbst zu sprechen;
- *aus meinen Überzeugungen heraus entscheide und handle,* weil besonnenes Handeln, welches in eigenen durchdachten Überzeugungen wurzelt, effektiver ist als jede besorgte Bemühung, andere zu etwas zu bewegen (was sie vielleicht gar nicht wollen);

- *Angst-Anspannungen aushalte und anhalte.* Ich finde und übe Möglichkeiten ein, Angst-Spannungen nicht weiterzugeben, sondern ihren Kreislauf zu unterbrechen (Sie kennen das Wort Angst-Spannung nicht? Im ersten Kapitel erzähle ich Ihnen, was ich mit dieser Wortschöpfung genau meine);
- *im Kontakt bleibe mit dem/der/den anderen* und meinen Impuls beherrsche, mich zurückzuziehen, wenn jemand ärgerlich oder wütend auf mich ist oder mit mir nicht übereinstimmt;
- *bete,* und zwar regelmäßig, weil es mir hilft, mit meiner eigenen Emotionalität besser umzugehen, gelassener zu werden, klare Gedanken zu fassen, und es mich unabhängiger von anderen Menschen werden lässt. Es lässt mich wachsen in einer in Gott verwurzelten Eigenständigkeit, sodass ich ich selbst sein kann.

Diese Aufzählung[1] umreißt den Inhalt dieses Buches. Sie macht gleichzeitig deutlich: Dieses Buch will dazu beitragen, dass Sie persönlich darin wachsen, eigenständig und verbunden zugleich zu leben und Beziehungen konstruktiv und konfliktfest zu gestalten.

Das Praxisbuch mit Extras

Vertiefungsfragen

Das Buch zu lesen ist gut. Wesentlich wird sein, den Vertiefungsfragen in den einzelnen Kapiteln nachzugehen und entsprechende Erkenntnisse für sich einzuüben.

Gesprächsstoff

„Einzeln sind wir Worte, zusammen ein Gedicht!" (Georg Bydlinski). Nutzen Sie die Anregungen der Kapitel fürs Gespräch und einen Erfahrungsaustausch mit ein paar Weggefährten.

Die Weisheit der Gruppe bietet allen Beteiligten eine wertvolle Horizonterweiterung. Und mit gemeinschaftlicher Motivation geht das Einüben von Einsichten leichter und effektiver. Dazu bieten sich verschiedene Möglichkeiten an:

Suchen Sie sich eine oder mehrere Personen und treffen Sie sich in Abständen privat zum Austausch. Bilden Sie eine *Lerngruppe* oder bieten Sie in Ihrer Kirchengemeinde oder Organisation einen Kurs an, in dem Sie das *Buch als Kursmaterial* verwenden. Bearbeiten Sie die Kapitel in einem der Teams, zu denen Sie gehören. (Einen Gesprächsleitfaden für ein erstes Treffen finden Sie im Anhang.)

Für Kursleitende stellen wir *zusätzliches Material* bereit: Unseren Kurs-Leitfaden für alle Kapitel finden Sie kostenlos auf unserer Website (siehe unten). Wir würden uns freuen, wenn Sie Ihre Erfahrungen mit dem Kurs mit uns teilen! Loggen Sie sich dazu auf der Webseite in den Bereich für Kursleitende ein.

Videos

Mit diesem Buch erhalten Sie einen Online-Zugang zu kurzen Videos, die wir *zu jedem Kapitel* anbieten. Diese fassen die wichtigsten Inhalte eines Kapitels zusammen und ergänzen sie mit weiteren Beispielen. Auf unserer Website mit Zusatzmaterial und Videos finden Sie auch Tipps, wie Sie diese Videos einsetzen können. Darüber hinaus gibt es dort weitere Infos und Anregungen zum Thema.

Hier finden Sie gratis Videos zu jedem Kapitel sowie Material für Kursleitende:

- https://de.bienenberg.ch/sfisz20201
- Passwort: sfisz20201

Dieses Buch ist aus dem Seminar- und Coachingangebot des *Instituts Compax für Konflikttransformation* am Bildungszentrum Bienenberg in Liestal, Schweiz, erwachsen. Dort habe ich gemeinsam mit Madeleine Bähler und Marcus Weiand die Thematik in Seminaren mit Titeln wie „Mit kühlem Kopf durch heiße Themen", „Konflikte haben System", „Wirkungsvolle Selbstführung" entfaltet. Als Modul wurde dieser Ansatz auch aufgenommen in die vom Bildungszentrum Bienenberg und der Universität Freiburg/Schweiz gemeinsam angebotene berufsbegleitende CAS-Weiterbildung zum Konfliktberater.

Gute Erfahrungen und Gottes Segen wünschen wir Ihnen auf Ihrem Weg, im Durcheinander eines Miteinanders besser mit sich und anderen klarzukommen.

Dank

An dieser Stelle geht ein erster Dank an Richard Blackburn, Leiter des *Lombard Mennonite Peace Centers*, der herausfordernd, ermutigend und freundschaftlich wesentlich zu meiner Horizonterweiterung beigetragen hat. Dieses Buch wäre nicht entstanden ohne die Freundschaft und Zusammenarbeit mit wunderbaren Menschen: Madeleine Bähler und Marcus Weiand. Ihr Engagement, ihre Weisheit und Kompetenz sowie gute Laune und kritische Fragen sind nicht nur in den Text dieses Buches eingeflossen, sondern auch in den gemeinsam geleisteteten Aufbau des *Instituts Compax für Konflikttransformation*. Ein Dank für treffsichere, kritische, kluge Anmerkungen beim Durchlesen des Manuskriptes gilt auch Kirsten Weber-Obst und Anne Boller sowie Eric Braun, der mich zudem in den Video-Aufnahmen zu den Kapiteln mit heiterer Gelassenheit angespornt hat.

Frieder Boller

„Ich fürchte mich nicht, ich hab bloß Angst."
Graffito

KAPITEL 1

DEN KOPF – NICHT – VERLIEREN

Kein Leben ohne Angst-Spannung

Darum geht es in diesem Kapitel:

- Ängste und Spannungen (Angst-Spannungen) sind ein Grundelement von Beziehungen
- Wie Angst-Spannungen funktionieren
- Wie Menschen der Bibel Angst-Spannungen erlebten
- Wie Sie selbst Angst-Spannungen erleben

Es klingelt im ICE!

Am frühen Abend im voll besetzten ICE-Großraumwagen. Da sitzt eine Frau, die es gewohnt ist, von ihrer Chefin zu jeder Tages- und Nachtzeit mit irgendwelchen „dringenden" Rückfragen oder Aufträgen angeklingelt und angemailt zu werden. Anfangs hatte ihr das nichts ausgemacht, aber mittlerweile befindet sie sich in einem kontinuierlichen Habachtmodus, schläft schlecht und ist dankbar für jeden Moment ungestörter Ruhe, den sie finden kann. Auf ihrer Reise zu einer Weiterbildung hat sie endlich Zeit, sich in die vorbereitenden Unterlagen zu vertiefen.

Der Mann zwei Reihen vor ihr hatte vormittags gearbeitet und sich dann einen halben Tag Urlaub für seine ehrenamtliche Tätigkeit genommen. Er war Mitglied einer überregionalen Arbeitsgruppe. Dort stand eine Diskussion um die Ausrichtung der zukünftigen Tätigkeit des sozialdiakonisch tätigen Vereines an. Dazu hatte er ein paar mögliche Szenarien und Wege entwickelt. Die Sitzung war dann aber wider Erwarten höchst spannungsgeladen verlaufen. Die Probleme lagen nicht nur in den kompromisslos vertretenen unterschiedlichen Vorstellungen und Ideen, sondern auch in frustrierten Ansprüchen und verletzenden Vorwürfen. Am Ende war die Situation ziemlich verfahren. Man hatte sich ergebnislos und kühl voneinander verabschiedet. Es war völlig unklar, um nicht zu sagen aussichtslos, wie aus dem Ganzen jetzt noch etwas Vernünftiges werden sollte.

Ihm gegenüber sitzt jemand beglückt und ermutigt auf der Heimfahrt von einem Treffen mit alten Freunden. Ein wunderschöner Ausflug. Wie verabredet hatten sie sich endlich nach langer Zeit getroffen. Spannend war es gewesen, wie es ihnen wohl heute miteinander gehen würde. Wie in alten Zeiten war es! Zwei großartige Tage, gefüllt mit Erinnerungen, erfüllt mit neuen Eindrücken und aufgefrischter Freundschaft.

Plötzlich klingelt irgendwo ein Handy. Laut! Eine grässliche Melodie. Sehr laut. Es klingelt wieder. Und wieder. Köpfe gehen hoch. Suchende Blicke wandern durchs Abteil. Warum nimmt niemand ab? Wo ist dieser Ruhestörer? Hartnäckig klingelt es weiter. Das nervt! Schlagartig liegt eine gereizte Spannung in der Luft. Drüben verdreht jemand die Augen. Mensch, nimm doch endlich ab! Das Klingeln zieht alle Aufmerksamkeit im Wagen auf sich. Schräg gegenüber steht einem der Ärger im Gesicht geschrieben. Woanders stöhnt jemand vernehmlich. Die dicke Luft ist greifbar.

Zum Kuckuck noch mal, hört das denn nie auf? Da ruft jemand laut in den Wagen hinein: „…"

„Telefon!", ruft die Person ganz freundlich-fröhlich entspannt. Ein paar Umsitzende lachen. Und augenblicklich ist zu spüren, wie die gereizte Spannung abflaut.

(Ach ja, noch zweimal klingelte es. Dann war Ruhe im ICE!)

Menschen sind emotional vernetzt

- Emotionale Dynamik wirkt systemisch, indem sie Menschen spürbar miteinander verbindet.

Die ICE-Passagiere in der Umgebung des klingelnden Telefons erlebten plötzlich, dass sie emotional miteinander verbunden waren. Unvermittelt bildeten sie eine „Schicksalsgemeinschaft". Ein emotionales System war sichtbar und spürbar geworden zwischen Menschen, die einander gar nicht kannten. Solch ein emotionales System bildet sich prinzipiell, wo zwei oder mehr Menschen, absichtlich oder zufällig, zusammen sind. Es verbindet sie völlig unabhängig von ihrer Bekanntheit miteinander, ihrem sozialen Status, ihren funktionalen Rollen, die sie innehaben, oder einer Aufgabe, in der sie stehen. Es ist also unbedeutend, wer von den Reisenden im Zug Chef, Putzfrau, Umweltaktivist, Pfarrer,

Urgroßmutter oder Studentin ist und ob hier auch noch ein Zugbegleiter in Ausbildung sowie die Zugchefin anwesend sind.

Emotionale Verbindungen sind energiegeladen und beweglich. Sie entfalten eine stärkere Wirkung als irgendeine formale Verbindung zwischen Menschen und dem, was ihnen individuell zugeschrieben wird. Zudem kann ein emotionales System auch über die Dauer des direkten Zusammenseins verbinden. Israel Galindo[2] spricht in diesem Zusammenhang vom „verborgenen Leben" einer Organisation. Anders gesagt, ob Familie, Partygesellschaft, Arbeitsteam, Freundesclique, Gottesdienstgemeinde, Vereinsvorstand, Hauskreis, Konzertbesucher – immer besteht hier zwischen den Personen eine – wie auch immer geartete – emotionale Verbindung.

Diese im Hintergrund wirkende emotionale Dynamik hängt wesentlich mit dem zusammen, was wir „Angst-Spannung" nennen. Auf den ersten Blick wirkt der Begriff in diesem Zusammenhang etwas drastisch oder übertrieben, denn hier sind Ärger, Gereiztheit, Missstimmung aufgetreten. Doch sie gehören zu den Emotionen, aus denen Angst-Spannung[3] besteht. Und das hat die verschiedenen Menschen im ICE plötzlich – mehr oder weniger bewusst – emotional miteinander verbunden.

Selbstverständlich kann so ein emotionales Feld auch in positiven Empfindungen wie Fröhlichkeit, Freude, Glück, Begeisterung, Anbetung etc. wirksam sein. Doch hier geht es uns jetzt um Erfahrungen und Gefühle, die eher „unbehaglich" sind und in denen wir Stress erleben.

Angst-Spannung! Was ist das?

- Angst-Spannung ist emotionaler Schmerz, der uns Gefahr signalisiert. Angst-Spannung existiert! Sie ist nicht moralisch zu bewerten.

Es gibt kein Leben ohne Ängste und Spannungen. Das gilt für jede einzelne Person genauso wie für jede Gruppe von Personen, also für jedes emotionale System. Und das ist gut so. Als emotionaler Schmerz signalisiert Angst uns Gefahr. Gewöhnlich werden dabei Angst und Furcht unterschieden.

Furcht ist konkret und klingt schnell ab, wenn das Licht angemacht wird und die Eltern unterm Bett nachschauen, ob dort wirklich kein Monster liegt. Und die Furcht vor einem Unfall klingt ab, wenn der Fahrer das Tempo des Wagens spürbar verlangsamt und umsichtiger fährt.

Angst ist unbestimmter, anhaltender. Sie geht jeden Tag mit einem ins Büro und wieder nach Hause, wenn unklar ist, ob und wie die Geschäftsentwicklung personelle Konsequenzen haben könnte. Angst vor dem Ungewissen und der Leere schleichen sich ein, nachdem die Freiheits- und Urlaubsgefühle der ersten Wochen des Ruhestandes allmählich vergehen.

Beides trägt insofern Angst-Spannung in sich, als die Betroffenen in der Situation angespannt, unwohl, innerlich unruhig und erregt eine Gefahr oder Unannehmlichkeiten erwarten und ihre Sicherheit und ihr Wohlergehen bedroht sehen.

Nun vermeiden viele Menschen lieber Begriffe wie Furcht und Angst. Sie erscheinen ihnen in einer bestimmten Situation als übertrieben oder sie (miss-)verstehen sie als Schwäche, die sie nicht zeigen möchten. Man würde jedoch vielleicht zugeben, „ein wenig angespannt" zu sein.

Mit dem Kunstwort Angst-Spannung wollen wir die ganze Bandbreite von mulmigen Gefühlen wie Anspannung, Aufregung, Beunruhigung, Ängstlichkeit, Beklemmung, Besorgnis, Sorge,

Furcht, Angst oder Panik abdecken. Die hier wirksame emotionale Kraft kommt jedoch aus dem, was das Wort Angst in seiner lateinischen Wortbedeutung beschreibt: *angustus/angustia* steht für „Enge, Beengung, Bedrängnis". Was auch immer der Auslöser dafür ist, wir fühlen uns bedroht in unserer emotionalen Sicherheit oder körperlichen Unversehrtheit. Es spielt auch keine Rolle, wie real oder irreal die Gefahr für Leib und Leben ist. Auch eingebildete Gefahren lösen Ängste und Spannungen aus. Und Ängste drängen uns, eine lebensschützende und lebenserhaltende Lösung zu finden. Die klassische instinktive Reaktion auf Gefahr ist flüchten oder standhalten und kämpfen. Was Ängste und Spannungen auslöst und in welchem Maß das geschieht, ist von Person zu Person und von Gruppe zu Gruppe unterschiedlich.

Festzuhalten ist:

- Angst-Spannung ist eine automatische Reaktion auf etwas, das wir – warum auch immer – als bedrohlich erleben. Im ICE war es nur die Ruhe und das ungestörte Lesen, Arbeiten, Träumen oder was auch immer der Passagiere, das gefährdet war. Es spielt keine Rolle, ob diese Bedrohung oder Gefahr real ist oder ob sie „nur" in der Vorstellung existiert. Die eigene Kontrolle über das eigene Leben und Wohlergehen zu haben ist oder scheint bedroht.
- Angst-Spannung beeinflusst unser Denken und unser Verhalten. Sie kann unsere Aufmerksamkeit und Wachsamkeit erhöhen, sie kann uns in unserem Handeln hemmen oder motivieren.
- Angst-Spannung ist emotionaler Schmerz, der eine wie auch immer geartete Gefahr signalisiert. Das dient unserem Überleben. Insofern ist Angst-Spannung, je nach Sichtweise, Teil unserer Natur oder Teil von Gottes guter Schöpfung. Anders gesagt: Sie ist weder gut noch schlecht und ihr Auftreten ist schon gar nicht moralisch zu bewerten.

? Welche Situation kommt Ihnen in den Sinn, in der Sie (kürzlich) Angst-Spannung erlebten?

Jeder Mensch erfährt und lernt zunächst einmal den Umgang mit Ängsten und Spannungen zu Hause in der Kindheit. Was hat dort Angst-Spannungen ausgelöst? Streitereien? Eine chronische Krankheit? Schulnoten? Schläge? Ein Todesfall? Leistungserwartungen? Mobbing? Scheidung der Eltern? Missbrauch? Vernachlässigt werden? Geheimnisse? Wie sind die verschiedenen Familienmitglieder damit umgegangen? Dieses emotionale System unserer Herkunftsfamilie hat uns geprägt. Doch auch andere Lebenserfahrungen spielen eine Rolle. Zum Beispiel zurückliegende belastende traumatisierende Erfahrungen, die ihre tiefen Spuren in uns hinterlassen haben und sich darauf auswirken, worauf und wie wir mit Angst-Spannungen reagieren. Immer stellt Angst-Spannung einen Menschen oder eine Gruppe vor die existenzielle Frage: „Schaffe ich das?" „Fühle ich mich sicher genug, stark genug, um damit fertig gut zu werden?"

? Wo und wie habe ich in meiner Herkunftsfamilie Angst-Spannungen wahrgenommen?

Wie sind die verschiedenen Familienmitglieder damit umgegangen?

Angst-Spannung – was dabei im Hirn passiert

- Angst-Spannung schaltet die filigranen und komplexen neuronalen Vernetzungen im Hirn ab und greift auf die „dicker verdrahteten" einfachen Reaktions- und Verhaltensmuster zurück.

Der Neurobiologe Gerald Hüther erklärt:

Jede schwerwiegende Irritation oder Belastung erzeugt im Hirn eine sich ausbreitende Erregung, die dazu führt, dass nur auf der Ebene der besonders stabilen, durch bisherige Erfahrungen bereits gut gebahnten Verhaltensmuster ein entsprechendes handlungsleitendes Aktivierungsmuster aufgebaut werden kann. Deshalb führt jeder Leistungs-, Erwartungs-, Handlungs- oder sonstiger Druck zum Rückfall in bereits bewährte Strategien, bisweilen sogar zu Reaktionen, die schon während der frühen Kindheit eingeübt worden sind.

Je größer der Druck und die dadurch sich im Gehirn ausbreitende Erregung wird, desto tiefer geht es also auf der Stufenleiter der noch aktivierbaren, handlungsleitenden Muster hinab. Das Verhalten wird einfacher. Weil im Hirn weniger regionale Netzwerke miteinander synchronisierbar sind und miteinander in Beziehung treten können, werden die Reaktionen auch entsprechend robuster und eindeutiger.

Um wieder zu komplexeren handlungsleitenden Mustern zu gelangen, muss der äußere Druck nachlassen bzw. das innere Erregungsniveau abgesenkt werden. Erst dann können wieder hochvernetzte, subtilere und fragilere Beziehungsmuster zwischen möglichst vielen Nervenzellen aus möglichst unterschiedlichen Bereichen des Gehirns aufgebaut und als handlungs- und denkleitende Muster aktiviert werden.[4]

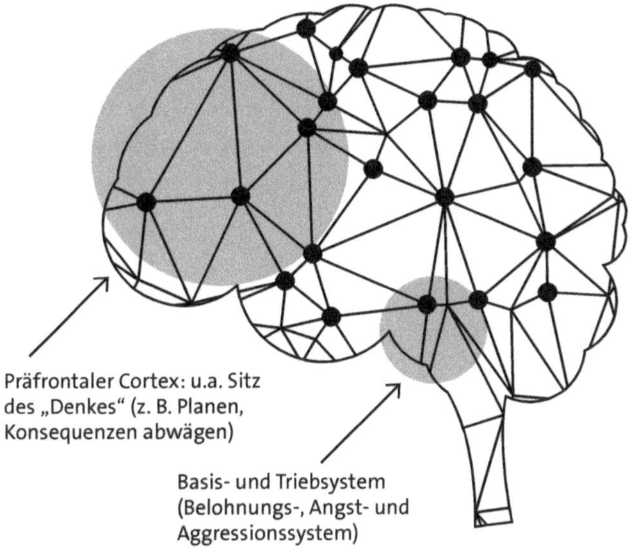

Unter Angst-Spannung den Kopf verlieren oder einen kühlen Kopf bewahren

- Angst-Spannung kann einerseits helfen, unser kreatives und intelligentes Potenzial zu nutzen, und es andererseits blockieren.

Wer entspannt und gelassen ist, „funktioniert gut“, weil er mit dem, was kommt, unverkrampft und fokussiert umgehen kann. Wir haben dann ein relativ breites Handlungsrepertoire, um mit unterschiedlichen Situationen und Herausforderungen umzugehen. Wer aber unter hoher Angst-Spannung steht, wird rigide und hat nur wenige Handlungsoptionen zur Verfügung.

Die Handbewegung streift das Trinkglas. Es kippt um und sein Inhalt ergießt sich über Tisch und Hosen.

- Der eine explodiert, fängt an zu schimpfen „Mensch, pass doch auf! So eine Sauerei …“ und hantiert hektisch herum, um das Malheur zu beseitigen.
- Der andere greift ruhig nach ein paar Servietten, um die Flüssigkeit aufzusaugen, und sagt freundlich gelassen „Kein Problem, kann ja mal passieren. Hier – trink einen Schluck aus meinem Glas.“

Im Normalfall lässt uns ein gewisses Maß an Angst-Spannung aktiv werden, um eine gute Lösung für ein auftauchendes Problem zu finden. Sie kann uns antreiben, Neues zu wagen, kreativ zu werden, Ideen zu entwickeln, konzentriert voranzugehen, um eine schwierige Herausforderung zu meistern. So helfen Angst-Spannungen, erforderliche Veränderungen im persönlichen Leben wie im Leben einer Paarbeziehung, einer Familie, einer Gruppe, einer Kirchengemeinde oder Organisation zu bewirken.

Haben Angst-Spannungen aber einen kritischen Punkt erreicht, verhindern sie genau die Lösungen und Veränderungen, die sie eigentlich hervorrufen sollten. Was stimulierende Kraft sein könnte, entpuppt sich als blockierende Macht. Wir „verlieren den Kopf“, können keinen klaren Gedanken fassen, reagieren heftig, emotional unkontrolliert und sind nicht mehr in der Lage, uns überlegt und differenziert zu verhalten. Reflexartig brüllen wir los oder ducken uns weg, schlagen zu.

Je höher der Angst-Spannungs-Pegel ist, desto weniger sind wir in der Lage, unser kreatives und intelligentes Potenzial zu nutzen, um eine kritische Situation konstruktiv zu lösen. Das ist bei jedem Einzelnen so wie auch in jeder Gruppe von Menschen.

? Wie reagieren Sie, wenn es Ihnen zu viel wird? Welche (blockierenden) Angst-Spannungs-Reaktionen sind typisch für Sie?

Welches Erlebnis kommt Ihnen in den Sinn, in dem ein gewisses Maß an Angst-Spannung Sie beflügelt hat? Wie sah das aus?

Ein Blick in die Bibel

„In der Welt habt ihr Angst; aber seid getrost, ich habe die Welt überwunden." Joh 16,33 (Luther 2017)

Jesus trifft eine nüchterne Feststellung: Angst bzw. Angst-Spannung gehören zum Leben in dieser Welt. Er betreibt keine Schönfärberei und sagt nicht: Glaubende haben keine Angst.

Die Jünger Jesu haben Angst im Sturm auf dem See Genezareth. In höchster Angst-Spannung laufen sie davon, als Jesus verhaftet wird. Jesus kämpft selbst in der Gegenwart tröstender Engel mit seiner Angst. Ängste, Angst-Spannungen zu haben ist menschlich und okay. Dafür muss sich niemand schämen.

„Aber", sagt Jesus und setzt damit der Angst etwas entgegen. Nämlich seine Gegenwart, seine mitfühlende, ermutigende, lebensstärkende Nähe. „Seid getrost! Lasst euch nicht verrückt machen! Verlasst euch auf mich!", denn: „Ich habe die Welt überwunden". Jesus sagt nicht: „Ich habe die Angst überwunden", sondern „die Welt". Seine Botschaft lautet: In eurer Angst-Spannung seid ihr nicht allein. Ich stehe sie mit euch durch und helfe euch, gelassener zu werden und sinnvoll mit ihr umzugehen.

Übrigens: In Gethsemane wird deutlich, wie Jesus mit seiner Angst-Spannung umgeht: In der Suche nach Beistand mutet er sich seinen Freunden und Gott zu. Zumindest Gott hält, was er verspricht („Ich bin da für dich").

? Wie wirkt die Zusage Jesu auf Sie?

Welche konkrete angstgespannte Lebenserfahrung oder Situation verbinden Sie mit dieser Zusage Jesu?

„Angst baut keine sicheren Häuser."[5]
Anke Maggauer-Kirsche

KAPITEL 2

SCHLUSS MIT LUSTIG

Angst-Spannung in Aktion

Darum geht es in diesem Kapitel:

- Angst-Spannungen als Alarmton oder Dauerton unterscheiden
- Was definitiv nicht hilft, Angst-Spannung zu bändigen
- Mit welchen angstspannungsgetriebenen Verhaltensmustern wir einander das Leben schwer machen können
- Zu welchen angstspannungsbedingten „Aussetzern" es bei Menschen in der Bibel gekommen ist
- Was Angst-Spannung mit Ihnen macht

Alarmton und Daueralarm

- Jeder Mensch und jedes soziale System erlebt situationsbedingte und prägungsbedingte Angst-Spannung.

Grundsätzlich gilt: Angst-Spannung gibt es in punktueller, kurzzeitiger (akuter) Form und in dauerhafter Form. Also vergleichbar einem kurzen Warnton und einem Dauerwarnton.

In welchem Maß jemand mit Angst-Spannung auf ein Ereignis reagiert, hängt von zwei Bedingungen ab. Zum einen ist das die individuelle Tagesform und persönliche Befindlichkeit, also wie gut oder schlecht ich gerade drauf bin, weil ich nicht ausgeschlafen bin, mir der Zahn wehtut oder ich mich heute schon dreimal über einen Autofahrer geärgert habe. Das macht viel aus, wie gelassen oder akutangstgespannt ich reagiere. Zum anderen ist mein Verhalten bestimmt durch das Maß von Angst-Spannung, das mir von Grund auf eigen ist. Wir nennen sie chronische Angst-Spannung, weil sie sich wie ein Dauerton durch das Leben eines Menschen zieht und das individuelle Erleben und Verhalten prägt.[7] Dieser mehr oder weniger starke „Dauerton“ hat sich von klein auf durch verschiedene Einflüsse und Lebenserfahrungen ausgebildet und ist Teil meiner Persönlichkeitseigenschaften.

Akute und chronische Angst-Spannung

Alarmton – akute Angst-Spannung

Als Anna nachts an der beleuchteten Bushaltestelle aussteigt und sich von ihrer Freundin verabschiedet, laufen drei junge „halbstarke“ Männer laut grölend und gestikulierend an ihnen vorbei. Der Bus ist abgefahren – es ist nur ein kurzer Weg nach Hause – und Anna geht los. Da hört sie hinter sich Schritte. Die Männer sind offenbar umgekehrt. Anna beschleunigt ihren Gang. Sie hört die drei hinter sich feixen, ohne deren Worte genau zu verstehen. Als sie in die Seitenstraße abgebogen ist, merkt sie, dass die Männer immer noch hinter ihr sind. Sie fängt an zu rennen.

Akute Angst-Spannung ist situationsbedingt. Sie ist immer eine Reaktion auf ein konkretes Ereignis oder Problem, das wir als Gefahr empfinden. Unsere Sicherheit ist bedroht, unsere Handlungsmöglichkeiten und -fähigkeiten sind gefährdet. Im ersten Moment reagieren wir irritiert, erregt, aufgewühlt oder auch kopflos, um uns bald wieder im Griff zu haben und die Dinge ruhig und überlegt zu bewältigen.

Im Kleinen sind es Ereignisse wie der nicht auffindbare Autoschlüssel, das unglückliche Missverständnis, das verlorene Dokument, die unberechtigte Schuldzuweisung, die vergessene Verabredung oder dergleichen.

Doch auch veränderte Gruppenzusammensetzungen können Angst-Spannung auslösen. Ein Mensch kommt neu dazu oder geht weg: z. B. in einer Familie durch Heirat, Scheidung, Geburt. In einer Organisation kommt es zu Personalwechsel, Leitungswechsel oder in einer Kirchengemeinde ist es ein Pastorenwechsel. Das gilt umso mehr, wenn es sich dabei um eine besonders einflussreiche oder tragende Person handelt.

Akute Angst-Spannung kann auftreten, wenn sich ein Finanzloch auftut oder es in einem Betrieb zu wesentlichen organisatorischen Veränderungen kommt. Baumaßnahmen oder räumliche Veränderungen können ebenso Ursache akuter Angst-Spannung sein. Oder es geht um Grenzen und Grenzüberschreitungen: Wer darf was? Was gehört wem? Wer hat wo Zutritt oder wofür einen Schlüssel? Was tolerieren wir? Was ist nicht akzeptabel? Dazu gehören auch ethische Normen und Werte, die Kultur einer Gruppe oder Lehrfragen in einer Kirchengemeinde, die infrage gestellt werden.

Eine heftige Quelle für akute Angst-Spannung sind traumatische Ereignisse (z. B. Verbrechen, schwere Erkrankungen, Misshandlungen, Unfälle, Suizid, Todesfälle).

Grundsätzlich kann akute Angst-Spannung sowohl eine einzelne Person als auch eine Gruppe, Organisation und Kirchengemeinde erfassen. Sie wird immer angestachelt durch Furcht vor dem, was ist oder was kommt. Und sie wird als zeitlich begrenzt erfahren. Wir bewältigen sie gewöhnlich adäquat und erfolgreich.[6] Allerdings brauchen die zuletzt genannten heftigen Auslöser für akute Angst-Spannung oft ihre Zeit, bis sie verarbeitet sind. Sie können unter Umständen jedoch auch zu dem führen, was wir unter dem Stichwort „Daueralarm“ gleich anschauen.

? Was hat Ihnen in einer konkreten Situation geholfen, Ihre akute Angst-Spannung zu bewältigen bzw. abzubauen?

Ein Blick in die Bibel

Akute Angst-Spannung und der krähende Hahn (Lk 22,54–62)

Jesus wird verhaftet und abgeführt zum Hohenpriester. Akute Angst-Spannung pur! Nicht nur bei Petrus. Aufgewühlt läuft er hinterher zum Hof des Hohenpriesters. Dort mischt er sich unter die Leute, die in Sichtweite des Verhörs abwarten, wie die Sache weitergeht. Am wärmenden Feuer wird er plötzlich als einer von den Jesus-Leuten erkannt. Alarmstufe Rot! Erschrocken streitet Petrus ab, mit Jesus etwas zu tun zu haben: „Ach was, den kenne ich überhaupt nicht!“ Kurz drauf kommt ein anderer auf ihn zu und erkennt ihn als „Bandenmitglied“ des Verhafteten. „Bin ich nicht“, wehrt Petrus die drohende Gefahr ab. Eine Stunde später erkennt ein Dritter ihn als Jünger Jesu. Innerlich aufgescheucht und äußerlich cool versucht er, sich aus der Affäre zu ziehen mit: „Keine Ahnung wovon du sprichst!“ Da kräht der Hahn! Und der gefangene Jesus dreht sich zu Petrus um, um ihn anzuschauen. Siedend heiß durchfährt Petrus die Erkenntnis: Ich habe ihn verraten und er weiß es. Er hatte es ja vorher schon gewusst und mir gesagt, dass ich den Mund zu voll nehme und ein Feigling bin. Bestürzt über sein Versagen verschwindet Petrus tränenüberströmt im Dunkel der Nacht.

Daueralarm – chronische Angst-Spannung

Während akute Angst-Spannung eindeutig greifbar erlebt wird, gibt es eine andere Form von Angst-Spannung, die eher im Verborgenen lebt. Unbewusst oder unterschwellig beeinflusst sie unser Empfinden und Verhalten.

Unschwer zu beobachten ist, dass manche Menschen prinzipiell ängstlicher oder innerlich angespannter als andere durchs Leben gehen.

Michael ist immer eine halbe Stunde vor Abfahrt am Bahnhof. Obwohl er seinen Job beherrscht und sein Chef ihm das bisher in jedem Mitarbeitergespräch bestätigt hat, geht er jeden Tag besorgt zur Arbeit, ob er den Anforderungen genügen wird. Unablässig macht er sich Gedanken über Erwartungen, die jemand an ihn haben könnte, und möchte niemand enttäuschen. Michael kann Spannungen schlecht aushalten. Er will Ärger vermeiden und passt sich oft an. Doch dann und wann explodiert er und kann aus dem Stand heraus auch auf nichtige Anlässe ziemlich heftig reagieren. Er beklagt sich immer wieder, wie oft er schon enttäuscht worden ist von anderen Menschen, und kann erzählen, wie häufig er unfair behandelt und benachteiligt worden ist.

Chronische Angst-Spannung basiert auf dem beständigen Empfinden, es könnte etwas Schlimmes passieren. Dahinter stehen frühere reale Erfahrungen, in denen ein Mensch sich auf die eine oder andere Weise in seiner emotionalen Sicherheit oder körperlichen Unversehrtheit bedroht erlebte. Jemand ist zu kurz gekommen, abgelehnt worden, nicht geliebt worden, missbraucht worden. Jemand hat irgendwelche Erwartungen nicht erfüllt, hat Verluste und Lebensbedrohung erfahren durch Gewalt, Krankheit, Hunger oder Konflikte. Vieles kann tiefe Spuren der Verunsicherung hinterlassen.

Chronische Angst-Spannung konserviert die frühere Erfahrung und das damit verbundene Empfinden von Verunsicherung. Sie bildet eine vorausahnende ständige Alarmbereitschaft aus, die auch auf minimale Anlässe oder auf real nicht vorhandene Gefahren reagiert – sprich: es ist eine Art Überreaktion auf eine mehr oder weniger eingebildete, eingeredete, ausgemalte Gefahr. Diese Angst-Spannung wird angestachelt durch Furcht vor dem, was sein könnte. So wird die aktuelle Situation im Sinn des zurückliegenden Erlebnisses interpretiert und es wird dementsprechend reagiert. Damit aber übersteigt chronische Angst-Spannung oft die Fähigkeit, adäquat und wirksam mit realen oder nicht realen Bedrohungen umzugehen.

Ein chronisch angstgespannter Mensch ist unterschwellig und folgenschwer verunsichert. Es kann ihn anderen gegenüber unbedacht nachgiebig machen. Sich anpassen, gehorsam sein kann daher kommen. Oder auch mehr oder weniger unvermittelte heftige emotionale Ausbrüche in der Bandbreite von Tränen bis Wut. Chronisch angstgespannte Menschen sind leicht verletzt und sehen sich selbst sehr leicht als Opfer.

Menschen, die neu zur Friedensgemeinde in YX kommen, erleben sonntags eine kommunikative, offene und gesellige Atmosphäre. Zum Selbstverständnis dieser freikirchlichen Gemeinde gehört, die wesentlichen Dinge des Gemeindelebens gemeinsam im Rahmen von Gemeindeversammlungen zu besprechen und zu entscheiden. Über Jahre hatte es immer wieder schwere Konflikte und heftige Auseinandersetzungen in solchen Versammlungen gegeben. Die letzte Krise liegt einige Jahre zurück. Seither versucht man, potenziell konfliktträchtigen Themen auszuweichen. Gemeindeversammlungen finden nur noch selten statt. Zu diesen erscheinen die Mitglieder sehr besorgt, es könnte wieder Ärger und Konflikte geben. Um das zu vermeiden, gestalten sich der

Umgang mit den Themen und die Gespräche zu Entscheidungsfindungen sehr vorsichtig, befangen und verwaschen. Es wird zwar manches geredet, aber wenig gesagt. Auch neue Gemeindeglieder, die die Gefahr nur vom Hörensagen kennen, passen sich dem Stil an und „wissen", wie besorgt man um den Verlauf der Zusammenkunft sein muss. Über Jahre hat die kollektive Angst-Spannung die Kultur der Gruppe geprägt.

Chronische Angst-Spannung ist sozusagen gewohnheitsbedingt und wie ein Muster in das Leben hineingewebt. Diese Angst-Spannung kommt nicht zur Ruhe. Sie verebbt nicht irgendwann und irgendwie, sondern ist laufend in Rufbereitschaft. Es braucht nicht viel, um sie zu aktivieren. Triviale Anlässe und kleinste Veränderungen lösen heftige emotionale Reaktionen aus. Aus dem gelegentlichen Warnsignal Angst-Spannung ist ein Daueralarmton geworden. Wie stark der allerdings bewusst von einem selbst wahrgenommen wird, ist offen.

Es gibt keinen Menschen und keine Gruppe, der oder die nicht ein gewisses Maß an Grund-Angst-Spannung hätte. Das ist normal. Es ist eher die Frage, wie hoch der Pegel der Grund-Angst-Spannung ist. Je höher er ist, desto leichter gibt es eine emotionale Überschwemmung – auch aus unscheinbaren Anlässen.

Chronische Angst-Spannung

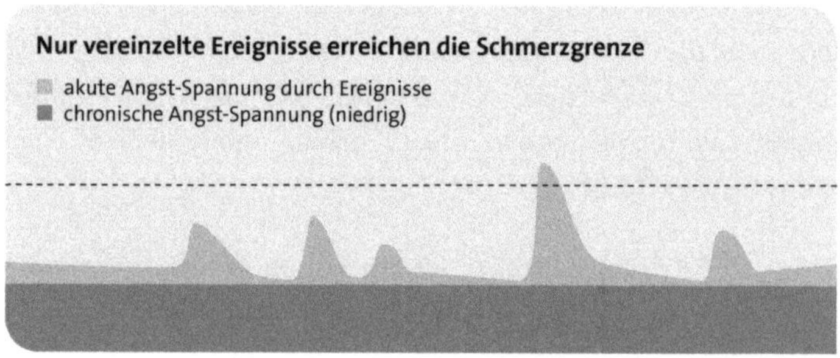

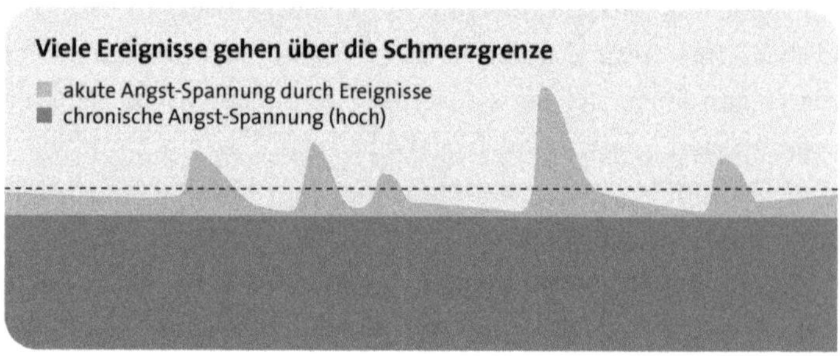

Ein Blick in die Bibel

Chronische Angst-Spannung und das goldene Kalb (4Mo 21; 2Mo 32)

Missmutig, ungeduldig, verdrossen wurde die Seele des Volkes Israel auf seiner Wüstenwanderung (4Mo 21,4). Was sie hatten, wollten sie nicht, und was sie wollten, hatten sie nicht. Angesichts der Widrigkeiten auf ihrem Weg und unzufrieden mit der einseitigen Speisekarte von Manna und Wachteln (2Mo 16) erscheint ihnen ihr früheres Leben als unterdrückte und versklavte Menschen in Ägypten erträglicher als dieser beschwerliche Weg in die Freiheit und Eigenständigkeit. Zumindest hatten sie in Ägypten besser gegessen (4Mo 11) als hier, wo sie mittlerweile chronisch angstgespannt um ihr Leben bangen. Frustriert und verbittert erleben sie sich als Opfer der Umstände und ihres Leiters Mose. Trotz diverser rettender, schützender, befreiender Erfahrungen ist ihr Vertrauen in Mose und diesen letztlich doch unsichtbaren Gott ziemlich begrenzt. Den stellen sie sich eigentlich anders vor: greifbar, verfügbar, sichtbar, vorzeigbar, beeindruckend und bewundernswert kraftstrotzend. Doch wo ist der in ihrem ohnmächtigen, abhängigen und bedrohten Leben? In der Sehnsucht nach Orientierung und Lebenskraft entlädt sich ihre chronische Angst-Spannung eines Tages in dem Beschluss, die Sache selbst in die Hand zu nehmen (2Mo 32). Sie lassen es sich einiges kosten und gießen ihr Bild von Gott in die Form eines goldenen Stieres. Dieser verkörperte Gott in ihrer Mitte diente dazu, ihre Angst-Spannung zu verringern. Im Tanz der religiösen Rituale um dieses „goldene Kalb" beruhigt sich ihre chronische Angst-Spannung allerdings nur kurzzeitig. Sie müssen einsehen, dass sie ihre Hoffnung auf ein vergoldetes, aber lebloses Bild von Gott gesetzt haben.

? Wo und wie sehen Sie, wie chronische Angst-Spannung wirksam ist? In Ihrem Umfeld? In Ihnen selbst?

Was kann helfen, chronische Angst-Spannung nachhaltig zu verringern und gelassener zu werden? Was hilft Ihnen?

In Kurzfassung: Was für jede Person individuell gilt, trifft auch auf jede Gruppe von Menschen zu, seien sie Teil einer Familie, eines Teams, einer Gemeinde oder was auch immer. In jeder sozialen Gruppe gibt es ein bestimmtes Maß an Grund-Angst-Spannung – und gelegentlich eben auch an akuter Angst-Spannung in krisen- und konflikthaften Situationen. Unter chronischer Angst-Spannung nimmt man akute Ereignisse wie durch ein Vergrößerungsglas wahr. Daher schwappt das Empfinden, im eigenen Wohlergehen oder in der eigenen Sicherheit bedroht zu sein, extrem leicht über.

So wird's schlechter statt besser

- Manche Reaktionen versuchen Angst-Spannungen zu bewältigen, bewirken aber oft das Gegenteil.

Wer Angst-Spannung erlebt, möchte diese am liebsten schnell wieder loswerden. Nicht immer ist aber offensichtlich oder bewusst, woher genau die Angst-Spannung eigentlich kommt.

Michael, der immer so früh am Bahnhof ist, der immer besorgt ist, ob er auch alles richtig macht, der vieles schluckt, um keinen Ärger zu machen, und der dann und wann bei nichtigen Anlässen unversehens explodiert, ist nicht bewusst, dass nicht die aktuellen Anlässe das Problem sind, sondern dass sie aufgrund seiner tief im Inneren schlummernden Unsicherheit so bedrohlich erscheinen.

In der Friedensgemeinde hatte sich eine sehr vorsichtige und befangene Haltung eingeschlichen, um auf jeden Fall Missstimmung und Konflikt zu vermeiden. Es wurde zwar manches geredet, aber wenig gesagt. Notwendige Klärungen in schwierigen Fragen blieben diffus bzw. unterblieben, was irgendwann wiederum zu mehr oder weniger unterdrückten Spannungen führte.

An sich ist Angst-Spannung der Hinweis auf ein Problem. Sie kann auch missverstanden werden als „das Problem“, weshalb dann auf untaugliche Weise mit ihr umgegangen wird.

Starke Angst-Spannung kann bei einzelnen Menschen, genauso wie bei Gruppen, verschiedene Effekte haben:[8]

Hamsterrad-Effekt:

Der Angst-Spannungspegel treibt einen an. Man strengt sich an und hat doch den Eindruck, auf der Stelle zu treten. Man klagt und regt sich auf, macht aber genauso weiter. Man leistet viel und noch viel mehr und alles bleibt doch, wie es ist. Man verstärkt das, was man bisher getan hat, ohne dadurch Veränderung und echte Fortschritte zu erzielen.

Drehtür-Effekt:

Angst-Spannung führt zu oberflächlichen Lösungen. Dasselbe in Grün! Immer wieder die gleichen Probleme. Aber es war doch „gelöst"! Leider nicht wirklich und daher nicht dauerhaft. Denn Ziel war, den Schmerz der Angst-Spannung schnell loszuwerden, nicht aber den tieferliegenden Ursachen auf den Grund zu gehen. Die Betäubung der Angst-Spannung hat nachgelassen. Es fehlen die richtigen Fragen oder auch die Bereitschaft, den Ursachen auf den Grund gehen.

Schwarz-Weiß-Effekt:

Empfundenes oder drohendes Unheil verengt den Blick und reduziert die Farben des Lebens auf Schwarz und Weiß. Alles ist entweder Bedrohung oder rettender Notausgang. Kritik wird nicht mehr zugelassen. Unterscheiden kann man nur, indem man Erlebtes in extreme Schubladen packt und polarisiert. Es gibt nur gut oder böse, richtig oder falsch, anständig oder unanständig, sinnvoll oder unsinnig, wertvoll oder wertlos, biblisch oder unbiblisch, gerecht oder ungerecht. Selbst Nebensächlichkeiten werden im Entweder-oder-Stil verhandelt. Ohne Grautöne kann man schnell urteilen und einteilen, um für sich selbst Sicherheit zu gewinnen (auf der richtigen Seite zu sein). Schlüsselwörter eines ausgeprägten Schwarz-Weiß-Denkens sind z. B.: immer, nur, nie, alles, nichts, total, hundertprozentig, grundsätzlich, niemand, alle, keiner, jeder.

„Weil Angst-Spannung das emotionale Wohlbefinden untergräbt, reagieren Menschen automatisch auf unterschiedliche Weise, um die Angst-Spannung zu reduzieren.

Je stärker sich Menschen emotional verbunden fühlen, desto empfindlicher reagieren sie, wenn diese Beziehung bedroht zu sein scheint. Sie erleben mehr Angst-Spannung und müssen deshalb umso mehr Energie aufwenden, die Angst-Spannung zu reduzieren.

Je stärker sich jemand in einer Beziehung krampfhaft bemüht, Angst-Spannungen klein zu halten oder nicht aufkommen zu lassen, desto steifer wird die Beziehung."[9]

Michel E. Kerr/Murray Bowen

Ein Blick in die Bibel

Auf den ersten Seiten der Bibel führt Angst-Spannung zu Mord und Totschlag

Die Bibel erzählt in 1Mo 4,1–16, dass Kain auf die Idee kommt, Gott ein Opfer darzubringen. Das ist die erste priesterliche Handlung in der Bibel. Sein jüngerer Bruder Abel folgt seinem Beispiel und erntet dafür, anders als sein Bruder, Gottes anerkennenden Blick – Gott „sieht Abels Opfer an". Kain erlebt darin eine Missachtung seiner selbst. Beschämt, verletzt, gekränkt in seiner Ehre und eifersüchtig steht er nun da. Wutentbrannt entgleisen ihm seine Gesichtszüge. Doch Gott sieht und erkennt auch Kain an. Ihm wendet er sich zu, spricht ihn und seine zornerfüllte Angst-Spannung an. Gott würdigt ihn als eigenständigen und selbstverantwortlichen Menschen, der auch fähig ist, mit seiner zornerfüllten Angst-Spannung konstruktiv umzugehen, anstatt sie destruktiv an Dritten auszuagieren. Doch Kain verschließt sich dieser Zuwendung Gottes, und seine wutentbrannte Angst-Spannung entlädt sich, indem er seinen Bruder erschlägt.

Wenn Angst-Spannung das Verhalten bestimmt

Unter starker Angst-Spannung werden wir rigide und unflexibel in unseren Handlungsmöglichkeiten. Wenn angstgespannte Situationen andauern, kann es früher oder später zu kritischem Verhalten kommen, das sich destruktiv auswirkt auf einen selbst wie auf andere. Hier sind ein paar Reaktionsmuster, wie das im Verhalten einzelner Personen oder auch einer Gruppe aussehen kann.

Re-Aktivität

Man ist leicht reizbar, reagiert äußerst empfindlich. Das Verhalten von anderen wird rasch als Bedrohung und persönlicher Angriff empfunden. Dagegen wehrt man sich mit verteidigendem Verhalten oder einem Gegenangriff.

Wer in diesem Reiz-Reaktions-Muster ist, kann anderen nur schwer (wirklich!) zuhören. Gesagtes wird rasch (miss-)interpretiert. Es wird geradezu automatisch reagiert auf das, was man „gehört hat" (ohne Rückfrage), um die empfundene Bedrohung zu bändigen.

Ist eine Atmosphäre stark von reaktivem Verhalten geprägt, verstärken sich vorhandene Konflikte. Das kann auch dazu führen, sich zunehmend vom Gegenüber zu distanzieren oder trotzend, nötigend oder mit ultimativen Forderungen aufzutreten.

Gemeinschaftszwang oder Rückzug auf sich selbst

Menschen haben sowohl ein Bedürfnis nach Zusammengehörigkeit wie auch ein Bedürfnis nach individueller Eigenständigkeit. Angst-Spannung kann das eine wie das andere Bedürfnis ersticken.

Angst-Spannung kann sich in einem übermächtigen Bedürfnis nach Zusammengehörigkeit ausdrücken, die dazu führt, möglichst keine Unterschiede zu tolerieren. Harmonie ist angesagt, der Ruf (die Ehre) der Familie, die Kompetenz des Teams, die

Bedeutung der eigenen Gruppe. Viel Druck wird dann aufgebaut, um die vermeintliche Einheit zu fördern oder zu bewahren. Frieden um jeden Preis ist hier die Devise. „Ich möchte im *Konsens* Lösungen erzwingen“ (Edmund Stoiber).

Anderseits kann es auch sein, dass man sich im übermächtigen Bedürfnis nach individueller Eigenständigkeit zurückzieht und nur noch für sich und das eigene „Überleben“ kämpft. In Gruppen führt ein derart abgrenzendes Verhalten nicht selten zu Auflösungserscheinungen von Beziehungen, zu Spaltungen, Mobbingtendenzen, Austritten, Rücktritten, Kündigungen etc.

Tendenz zur Beschuldigung

Um mit hoher Angst-Spannung fertig zu werden, können Einzelne wie auch Gruppen sich ausschließlich als Opfer sehen. Dann sind andere schuld an dem, wie es ist. Sie werden angeprangert, verunglimpft, verantwortlich gemacht und verurteilt. Die eigene Angst-Spannung wird offen-aggressiv oder unterschwellig-aggressiv an anderen ausgelassen. Diese in Aggression umgewandelte Angst-Spannung bekämpft das „verursachende Übel“ und macht damit Selbstreflexion (scheinbar) überflüssig.

Die Tendenz zur Beschuldigung führt bisweilen dazu, einen Sündenbock zu suchen und zu finden (siehe Kapitel 6). Ist der in die Wüste geschickt, wirkt das dennoch nur vorrübergehend beruhigend. Es ist eine Scheinlösung. Die Chancen stehen gut, dass sich der Sündenbockvorgang wiederholt.

So gerät der eigene Anteil an einer Situation aus dem Blickfeld. Jesus sprach das einmal an mit dem Bild vom Splitter, den man im Auge des anderen sieht, während man den Balken im eigenen Auge nicht wahrnimmt. Diesen zu erkennen, könnte allerdings helfen, den Problemen auf den Grund zu gehen und Angst-Spannung wirklich abzubauen.

Suche nach schnellen Lösungen

Weil man meint, die Spannung nicht mehr aushalten zu können, werden schnelle und einfache Lösungen gesucht. Damit wird aber in der Regel nur das Symptom bekämpft oder entfernt. Primär geht es nur darum, die Angst-Spannung und das Problem loszuwerden, anstatt die Spannung auszuhalten, um zu klären und grundlegend zu bearbeiten, woher genau die Angst-Spannung kommt und was die Ursachen für die Problemlage sind.

Daher ist eine solche „Lösung" oberflächlich und wirkt vielfach nur kurzzeitig. Sie verhindert zudem auch die Chance, zu einem reiferen Verhalten zu finden und in emotional-sozialer Kompetenz zu wachsen. Anders gesagt: Hier wird die Chance vertan, das einzuüben, was wir im Kapitel 3 unter dem Stichwort „selbst-differenziertes Verhalten" beschreiben.

Mangelnde Selbstführung

Selbstführung wird unterschiedlich definiert oder auch als Selbstmanagement bezeichnet. Es geht um die Befähigung, sich selbst zu kennen (mir klar darüber zu sein, wer ich bin, was mir wichtig ist und wie ich mich hilfreich einbringen kann), Verantwortung für mein Ergehen und Verhalten zu übernehmen und mein Verhalten in geeigneter Weise zu steuern.

Hohe Angst-Spannung stört, behindert und lähmt eine klare, durchdachte, mutige Selbstführung. Fantasievolle Ideen und kreatives Leistungsvermögen lassen stark nach. Es gibt nur zögerliche Bereitschaft und wenig Mut, klare Standpunkte zu beziehen.

Die Fähigkeit geht verloren, sich selbst und die Situation gelassen zu reflektieren, eigene Überzeugungen, Werte, Prinzipien und Visionen klar zu durchdenken.

Nicht zuletzt werden Themen, Vorgehensweisen und Entscheidungen von der Krise und den Emotionen/Stimmungen bestimmt anstatt von Überzeugungen, Werten, Prinzipien und Visionen.

Mangelnde Leitung in Gruppen und Organisationen

Selbstführungsdefizite wie zuvor beschrieben und hohe Angst-Spannung innerhalb einer Gruppe wirken sich beeinträchtigend auf die Leitung von Gruppen aus (z. B. Team, Vorstand, Verein, Kirchengemeinde, Organisation etc.).

Das äußert sich in Merkmalen wie diesen:

- Die Leitung agiert unentschieden und schwammig, sie wirkt passiv, unbestimmt oder ausdruckslos. Sie ist darum bemüht, zu beruhigen und einzudämmen. Sie befürchtet, vorhandene Angst-Spannungen derart zu erhöhen, dass Menschen der sozialen Gruppe verprellt werden oder dass sie selbst noch massiver unter Druck gerät.
- Angstgespannt geht die Fähigkeit verloren, reflektierte Standpunkte zu vertreten, überlegt und differenziert zu handeln. Unschlüssig oder rigide in ihren Aktionen, gelingt es der Leitung kaum, Orientierung zu geben und dabei gleichzeitig der ihr zugehörigen sozialen Gruppe achtsam verbunden zu bleiben.
- Unter massiver Angst-Spannung können Rechte, Regeln und Gewohnheiten wichtiger werden als verantwortungsbewusstes weises Vorgehen. Formalistisch, kleinlich, starrköpfig, kämpferisch versteift man sich auf sie, fordert sie ein, ändert sie oder formuliert aus der Situation heraus neue Ordnungen, Bestimmungen, Verfahrensweisen und Zuständigkeiten, um dem Druck der Situation zu entkommen. Daraus entsteht allerdings allzu häufig nicht die erhoffte belastbare Klärung und Beruhigung, sondern eine Notlösung, die sich langfristig als mangelhaft erweist.
- Unter nachhaltig hoher Angst-Spannung innerhalb von Gruppen können eher unsichere, unreife, ungefestigte Personen mit der Leitung beauftragt werden, gerade dann, wenn es zuvor zu ungelösten Konflikten mit und innerhalb

der Leitung kam. Das können dann Menschen sein, die willig, selbstlos und nachgiebig agieren, aber den Umständen und Widerwärtigkeiten wenig Eigenständigkeit entgegenzusetzen vermögen und denen es schwerfällt, klar durchdachte Positionen einzubringen.

- Eine klare Leitung entwickelt ein klares Profil. Dazu müssen Entscheidungen gefällt werden. Entscheidungen wiederum bedeuten, dass nicht mehr alle Optionen offen sind. Angstgespannte Personen haben Sorge, dass sie eine falsche Entscheidung getroffen haben. Deswegen haben massiv angstgespannte Personen und Gruppen Mühe, klare Leitung zu tolerieren. Also Leitung, die standhaft, besonnen und unerschrocken agiert. Gefürchtet wird, dass eine solche Art von Leitung noch mehr Angst-Spannung provozieren könnte.

Ein Blick in die Bibel

„Friede, Friede und ist doch kein Friede."

Die hier gelisteten Reaktionen und Verhaltensweisen blühen gerade in Beziehungssystemen und Organisationen, die höchsten Wert auf Frieden und Harmonie legen. Beruhigung und Beschwichtigungen werden wichtiger als die Integrität, als der eigentliche Sinn und Zweck der Organisation oder Gemeinde. Gerade in christlichen Kreisen besteht die Gefahr, Liebe durch Nettsein, Profillosigkeit oder Unverbindlichkeit zu ersetzen. Scheinheiliger Frieden. Den prangert auch der Prophet Jeremia an. Denn das engherzige, heuchlerische, skrupellose Verhalten seiner Zeitgenossen macht Arme ärmer und Reiche reicher. Die Ungerechtigkeit schreit zum Himmel. Doch die Leute tun auch noch so, als sei alles in bester Ordnung. Ihr falsches „Schalom, Schalom" treibt Gott die Zornesröte ins Gesicht. In seinem Auftrag ruft der Prophet ihnen zu: „Nichts ist in bester Ordnung!"

(„Friede! Friede!", und ist … (*„Friede! Friede!", und ist doch nicht Friede.* Jer 6,14; *Luther 2017*).

Tragisch an diesen skizzierten Verhaltensweisen ist, dass sie in aller Regel kontraproduktiv wirken. Sie erhöhen nämlich das Angst-Spannungs-Level der Betroffenen und Beteiligten, anstatt dieses einzudämmen. So wird das eigentliche Ziel, mit der aufgebrochenen Angst-Spannung fertig zu werden, nicht erreicht. Stattdessen breitet sich die eingebrachte Angst-Spannung mehr oder weniger unter den betroffenen Beteiligten aus und gewinnt an Stärke. Wie sich das im Beziehungssystem auswirkt, werden wir in den nächsten Einheiten vertiefen.

? Erkennen Sie einige der oben genannten Verhaltensweisen in Ihrem Umfeld wieder?	bei mir	Partnerschaft/ Familie	Team/Gruppe	Organisation/ Gemeinde	Arbeitsumfeld
▸ Hamsterrad					
▸ Drehtür					
▸ Schwarz-Weissdenken					
▸ Re-Aktivität					
▸ Rückzug					
▸ Beschuldigen					
▸ mangelnde Selbstführung					
▸ Fehlende Leitung					

? Wie wirkt sich das aus?

? Was macht das mit Ihnen?

„Der höchste Lohn für unsere Bemühungen
ist nicht das, was wir dafür bekommen,
sondern das, was wir dadurch werden.“

John Reskin

KAPITEL 3

BALANCE HALTEN

Mit den Bedürfnissen nach Zugehörigkeit und Eigenständigkeit umgehen

Darum geht es in diesem Kapitel:

- Wie die Grundbedürfnisse von Zugehörigkeit und Individualität wirken
- Wie es sich auswirkt, wenn diese Grundbedürfnisse unter Angst-Spannung kippen
- Was mit Selbstdifferenzierung gemeint ist
- Wie Jesus selbstdifferenziert mit sich und den Menschen umgegangen ist
- Dass Sie sich darin üben, eigenständig zu handeln und dabei mit anderen Menschen verbunden zu bleiben

Die Stachelschweine

Schopenhauers Geschichte kurz nacherzählt

Vom Philosophen Arthur Schopenhauer stammt die Geschichte von den Stachelschweinen, die sich an einem kalten Wintertag nach Wärme sehnten. Um sich vor dem Erfrieren zu schützen, drängten sie sich dicht aneinander. Doch das erhoffte angenehme Empfinden von Wärme blieb aus, weil sie sich mit ihren Stacheln gegenseitig verletzten und deshalb wieder auseinander liefen. So fror jedes Stachelschwein wieder allein vor sich hin. Schließlich rückten sie wieder ein wenig näher zusammen, doch nicht allzu nahe. Nur so nahe, „bis sie eine mäßige Entfernung voneinander herausgefunden hatten, in der sie es am besten aushalten konnten".[10]

Zugehörigkeit und Eigenständigkeit als Lebenskräfte verstehen

- Um Leben zu können, brauchen wir in unseren Beziehungen Nähe und Abstand (Distanz). Alles zu seiner Zeit. Das ist spannungsvoll.

Wir Menschen sind nun mal Beziehungswesen. Wir leben – und können nur leben – in Beziehungen. Diese werden von den beiden Grundbedürfnissen Zugehörigkeit und Individualität gestaltet.

Zugehörigkeit – Übereinstimmung

Wir brauchen menschliche Nähe, wollen dazugehören, suchen Übereinstimmung, Gemeinschaft, Zusammenhalt. In diesem Bedürfnis nach Zugehörigkeit steckt die Kraft, die Fähigkeit und die Freude daran, Familie und Freundschaft zu pflegen, eine Liebesbeziehung zu haben, als Eltern für Kinder zu sorgen oder sich um andere Menschen zu kümmern, auf andere einzugehen und zu teilen, als Team zusammenzuarbeiten, oder eben auch das Miteinander in einem Verein oder einer Kirchengemeinde, um mehr zu erreichen und zu lernen, als man alleine schaffen kann.

Individualität – Eigenständigkeit

Ebenso brauchen wir Eigenständigkeit, Individualität. Wir wollen unabhängig sein, selbstbestimmt, unverwechselbar, auf eigenen Füßen stehen. Mit diesem Bedürfnis erobert ein Kind seine Umwelt, lernt selbst zu denken, seine eigenen Bedürfnisse, Interessen und Werte zu erkennen und zu vertreten. Diesem Bedürfnis verdanken wir die Kraft, die Fähigkeit und die Freude daran, mündig, selbstbewusst und selbstständig zu leben, Unbekanntes zu wagen, Träume und Ziele zu verfolgen.

Diese beiden Grundbedürfnisse namens Zugehörigkeit und Individualität, also Nähe und Distanz, schließen einander nicht aus. Beide Kräfte haben wir nötig. Sie sind Lebenskräfte und entfalten lebhafte nachdrückliche Wirkungen. In der Spannung und Balance zwischen ihnen entfalten sich unser Selbst, unsere Persönlichkeit und unsere emotionale Reife. In welcher Weise sie sich in einem Menschen entwickeln, wird wesentlich durch die Prägungen der jeweiligen Herkunftsfamilie und die Erwartungen des Umfelds bestimmt.

Emotionale Reife

Die Herausforderung ist, diese Grundstrebungen auszutarieren. Das ist eine lebenslange Aufgabe, denn im Grunde geht es – immer wieder – darum, eigenständig und im Kontakt mit anderen zu sein. Diese Fähigkeit ist Ausdruck eines emotional gereiften, eigenverantwortlich lebenden Menschen.

- Soll ich mich jetzt behaupten oder dem „Frieden zuliebe“ schweigen und die schöne Gemeinschaftsatmosphäre nicht stören?

- Soll ich jetzt einen kritischen Punkt ansprechen oder ist es jetzt wichtiger, zu schweigen und erst einmal Gemeinschaft wahrzunehmen?

Wenn eine der beiden Strebungen vernachlässigt wird, führt die Angst-Spannung zu heiklem Verhalten:

„Entweder ich schließe mich der Meinung und den Vorstellungen meines Gegenübers an – oder ich fühle mich von ihm abgelehnt und nicht mehr zugehörig." „Entweder teilt mein Gegenüber meine Meinung und meine Vorstellungen – oder ich ziehe mich von ihm zurück."[11]

Emotionale Reife zeigt sich in der Fähigkeit, mit diesen beiden Strebungen einsichtsvoll und selbstbestimmt umgehen zu können, ihnen sozusagen adäquat Raum geben zu können, um sowohl eigenständig zu sein als auch mit anderen verbunden sein zu können. Anders gesagt: Emotionale Reife äußert sich in der Fähigkeit, eigene Bedürfnisse, Anliegen und Überzeugungen wahrzunehmen, sie angemessen zu vertreten und zugleich im Kontakt mit andern zu stehen, offen zu sein für Impulse, Korrektur und Ergänzung und zutage tretende Unterschiedlichkeit zu achten und auszuhalten. Emotionale Reife zeigt sich besonders in angstgespannten Situationen.

Gegensätzliche Grundstrebungen

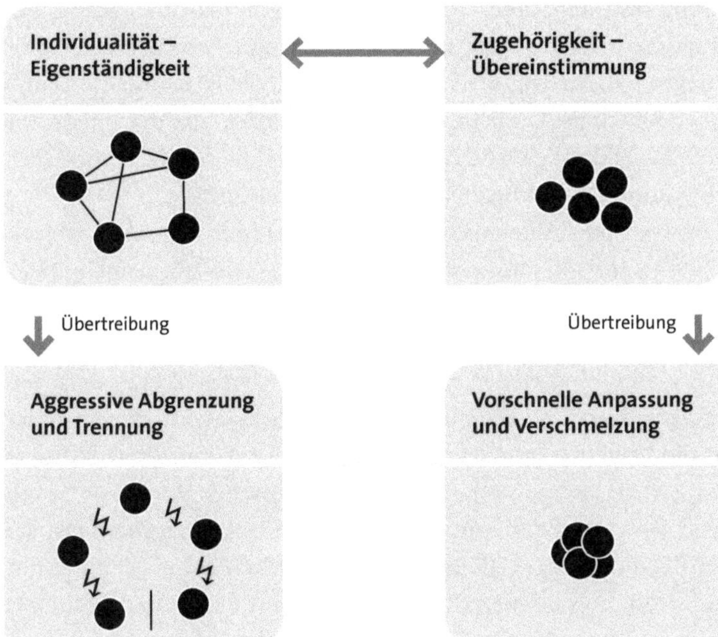

Ein Blick in die Bibel

Gemeinsam und individuell – typisch Gott!

Der Schöpfungsbericht beschreibt den Menschen als Ebenbild Gottes (1Mo 1,26–28). Darin spiegelt sich auch das Bedürfnis nach Zugehörigkeit und Individualität wider.

„*Was sind die Menschen, dass du an sie denkst, ein Menschenkind, dass du nach ihm siehst? Wenig geringer als Gott lässt du sie sein, mit Würde und Glanz krönst du sie. Du lässt sie walten über die Werke deiner Hände. Alles hast du unter ihre Füße gelegt*“ (Ps 8,5–7; BigS).

Gott erschafft den Menschen, um ein Verhältnis mit ihm zu haben – um in Beziehung mit ihm zu leben. Das ist die Bestimmung des Menschen! Gott hält den Menschen für würdig, sein Bundespartner zu sein. Bundespartner und Repräsentant Gottes zu sein – darin liegt die Ebenbildlichkeit, die Ehre und die Würde des Menschen. Die kann nur gelebt werden aus dem Bedürfnis von Zugehörigkeit und Individualität und in der Kraft von Übereinstimmung und Eigenständigkeit. Siehe: Jesus!

Auf dem Familienausflug zum Tempel nach Jerusalem ist Jesus mit seinen zwölf Jahren mal eben so erwachsen (für damalige Verhältnisse). Ohne den Eltern Bescheid zu sagen, verschwindet er, um mit Theologen im Tempel Lehrgespräche zu führen (Lk 2,41–51). Wenn Jesus wieder einmal für sich klären muss, wer er ist, was seine tiefsten Überzeugungen sind und was sein Weg ist, verlässt er die Leute und zieht sich zur Besinnung zurück (z. B. Mt 14,13; Joh 6,1–21; Lk 2,39–46). Er kann den Menschen, für die er da sein will, nur verbunden sein und bleiben, wenn er in seinem Denken und Handeln eigenständig bleibt. Dazu braucht er einen gesunden Abstand zu denen, für die er da sein will. Die Versuchung ist groß, sich von den Erwartungen und Ansprüchen anderer unter Druck setzen zu lassen und Dinge zu tun, die nicht seinem Selbst, seiner Identität, seinem Wesen und seinen Werten entsprechen.

Von Jesus können wir lernen, was es heißt, als Ebenbild Gottes zu leben – indem wir das Bedürfnis von Zugehörigkeit und Individualität achten und die Kraft von Übereinstimmung und Eigenständigkeit einsetzen und fördern. Für uns selbst. Und für andere.

? Was wurde in Ihrer Herkunftsfamilie von Ihnen eher erwartet: Anpassung oder Eigenständigkeit?

Wie hat sich das geäußert?

Wie sind Sie damit umgegangen – wie haben Sie darauf reagiert?

Was zu viel ist, ist zu viel

Unser Bedürfnis nach Zusammengehörigkeit und Übereinstimmung, unsere Sensibilität füreinander kann unter Angst-Spannung extreme Formen annehmen. Je höher die Angst-Spannung ist, desto stärker kann der Druck werden, sich anzupassen. Oder das Verlangen, sich abzugrenzen.

Reflexartige Anpassung und Verschmelzung

Reflexartige Anpassung und Verschmelzung passiert, wenn jemand in Beziehung zu einem anderen Menschen „sich selbst verliert“. Das kann unterschiedlich aussehen:

- Jemand begegnet einer tonangebenden dominanten Person unselbstständig, ergeben, nachgiebig, widerstandslos, folgsam. Unangenehmes wird ausgeblendet und immer wieder die gute Beziehung betont.
- Man verhält sich einfach „nur lieb und nett“ im Miteinander, beflissen, zuvorkommend, vorsichtig, harmonisierend, konfliktscheu. Mögliche Dissonanzen werden unter allen Umständen vermieden, um die Gemeinschaft zu bewahren.
- Jemand fühlt sich für die Empfindungen, Gefühle und Stimmungen des anderen verantwortlich und agiert entsprechend überfürsorglich.

Reflexartige Anpassung und Verschmelzung kann aus dem Bedürfnis entstehen, „zu sein wie die anderen“. Man möchte anerkannt sein, dazugehören. Daher werden andere eigene Bedürfnisse und Interessen übergangen.

Anpassung kann aber auch durch eine anerkannte Autorität in einer Gruppe herbeigeführt werden. Oder indem Anerkennung erzwungen wird durch Konformitätsdruck.

Nicht die Rede ist hier von einem gewissen Gruppen- oder Anpassungsdruck, der aufgrund von Vertrauen und Ermutigung unter Freunden im besten Sinn motivierend wirkt, Neues zu wagen und zu positiven Leistungen anspornt. Hier geht es darum, dass in der reflexartigen Anpassung und Verschmelzung die individuelle Persönlichkeit des Einzelnen untergeht. Zusammengehörigkeit wird klebrig. Die Toleranzgrenze für individuelles Denken und Verhalten schwindet. Gruppendenken bestimmt, was Sache ist, und die persönliche Unterscheidungs- und Urteilsfähigkeit nimmt ab. Alle in einer Gruppe sollen gleich denken, fühlen und handeln. Jede und jeder hat die Erwartungen und die ihm oder ihr zugedachte Rolle zu erfüllen. Wer davon abweichen will, sieht sich gesteigertem Druck ausgesetzt. Aus Gleichwertigkeit wird Gleichheit, aus Einmütigkeit wird Einheitlichkeit, Individualität verschwindet in der Uniformität.

Je intensiver Menschen in dieser Weise miteinander emotional verflochten oder verschmolzen sind, desto leichter fühlen sie sich durch die Unterschiedlichkeit von Menschen bedroht. „Wir gegen die anderen." Je ausgeprägter Angst-Spannung die Mitglieder einer Gruppe miteinander verbindet, desto eher werden sie dasselbe glauben und auch dieselben Fehler machen. Reflexhaft verschmolzen in einer Wagenburgmentalität kann eine Gruppe sich gegen Meinungen immunisieren und Informationen ablehnen, die von ihren Überzeugungen und Erfahrungen abweichen.

Solch eine Dynamik der reflexartigen Anpassung und Verschmelzung kann sich auch unter religiösen Vorzeichen in Gruppen und Kirchengemeinden anhand von bestimmten Glaubensüberzeugungen, Frömmigkeitsmerkmalen oder Machtmissbrauch entwickeln.

Mit Verweis auf Jesus als Vorbild ist in christlichen Kreisen die Selbstlosigkeit ein hoher Wert, die manchmal auch als „Selbstverleugnung" und „Opferbereitschaft" oder gar „Selbstaufgabe" (miss-)verstanden und unter Umständen eingefordert wird. Womöglich auch um „des lieben Friedens" willen. Es hilft, hier zwischen reflexartiger Verschmelzung und hilfreicher Kooperation zu unterscheiden. Sich reflexartig anzupassen ist Ausdruck von Verschmelzung. Hilfreiche Kooperation ist etwas anderes, da sie auf eigenen Überlegungen und Grundüberzeugungen fußt. Jesus liefert ein Beispiel: In eigenständiger Entscheidung verhält er sich freiwillig selbstlos, ist bereit zu verzichten und persönliche Opfer zu bringen zum Wohl von anderen.

Reflexartige Distanzierung und Trennung

Auf eigenen Füßen stehen wollen kann ebenfalls extreme Formen annehmen. „Ich kann mich nur auf mich selbst verlassen!", „Hilf dir selbst, so hilft dir Gott!", „I am a rock, I am an island … And a rock feels no pain. And an island never cries" (Simon & Garfunkel).

Sich isolieren, Kontakte vermeiden, Beziehungen abbrechen ist typisch für reflexartige Distanzierung und Trennung. Der Kollege, der Dienst nach Vorschrift macht, innerlich gekündigt hat und nicht mehr aktiv an der Arbeitsgestaltung mitwirkt. Die Eltern, die ihr Kind enterbt haben; der frühere Kassierer des Vereins, der sich seit Jahren beleidigt zurückgezogen hat und sich seither weigert, seinen Schlüssel zum Büro abzugeben; das Ehepaar, das seit Jahren nur noch das alltäglich Nötige miteinander redet. Die Tochter, die seit 25 Jahren keinen Kontakt mit ihrer Mutter haben will; die Mitglieder der Kirchengemeinde, die aneinander vorbeischauen und einander garantiert nicht mehr die Hand geben.

Sich isolieren, Kontakte vermeiden, Beziehungen abbrechen kann auch in „kontaktfreudiger" Variante daherkommen: leutselig, aber beziehungslos; gesellig, aber schwer erreichbar; extravertiert, aber unverbindlich; gewandt, aber unzuverlässig; unbefangen, aber unstet; macht nach anfänglicher Begeisterung schnell Meinungsunterschiede aus und grenzt sich stark ab; fällt mit der Tür ins Haus, um auch postwendend wieder aus derselben zu verschwinden.

Reflexartige Distanzierung oder Trennung ist ein automatisch funktionierender Selbstverteidigungsmechanismus, ein Versuch, sich selbst nicht zu verlieren. Dahinter steht das Bedürfnis, gegenüber einer anderen Person oder Gruppe unabhängig und selbstständig zu werden oder zu sein, also selbstbestimmt eigenständig zu handeln. Doch die Art und Weise der Reaktion kommt nicht aus einer gelassenen, emotional reifen Haltung. Sie kommt aus einem bedrängten Selbst, aus höchst angstgespanntem Widerstandskampf. „Ich will nicht" statt „Ich will". Reflexartige Distanzierung und Trennung kommt eigensinnig, rechthaberisch, starrsinnig, dogmatisch, selbstgerecht, stolz, überheblich daher. Das dient auch als Schutzschild, um sich – vor sich selbst und anderen – zu behaupten.

Extremes Verhalten ist keine Lösung

Reflexartige Anpassung und Verschmelzung oder Distanzierung und Trennung sind extreme und problembehaftete Verhaltensweisen. Dabei kann jemand auch von einem Extrem ins andere kippen. Immer geht es darum, die Bedürfnisse nach Zugehörigkeit und Übereinstimmung sowie nach Individualität und Eigenständigkeit zu stillen. Sie sind ein Versuch, vorhandene Angst-Spannung zu beruhigen, loszuwerden, zu bewältigen. Tragisch ist, dass bestenfalls eine oberflächliche und kurzfristige emotionale Entlastung erlebt wird. Das emotionale „Bedürfnisloch" ist ein Fass ohne Boden und nicht wirklich zu befriedigen. Es ist unendlich größer als das, was man in der jeweiligen Situation und Beziehung durch extremes Verhalten wirklich gewinnen könnte. Im Gegenteil, es fördert viel eher eine unterschwellige chronische Angst-Spannung.

? Wie äußern sich in Ihrem aktuellen Umfeld (z. B. Familie, Arbeitsplatz, Kirchengemeinde) Bedürfnisse nach Individualität und Eigenständigkeit?

... bei Ihnen selbst? ... bei anderen?

In welcher Weise nehmen Sie da extreme Formen wahr?

Wie gehen Sie damit um?

Ein Blick in die Bibel

Ich danke dir, dass ich nicht so bin.

Von einem frommen Mann erzählte Jesus einmal, er sei an einem andern vorbeigegangen und habe gebetet: „Ich danke dir, Gott, dass ich nicht so bin wie die anderen da!“ (Lk 18,9–14). Damit distanziert sich dieser Mensch reflexartig von anderen, für die er nur Verachtung übrighat und mit denen er definitiv nichts zu tun haben will. In Lk 6,32–36 hören wir Jesus sagen, dass es keine große Sache sei, die zu lieben, denen wir nahestehen. Leute, die quasi so sind wie wir selbst. Das wäre im Grunde ja nichts anderes als Selbstliebe. Die größere Herausforderung bestehe darin, die zu lieben, die anders sind als wir selbst. Also die, denen wir lieber aus dem Weg gehen oder die sich von uns distanzieren. Leute, die andere Vorstellungen vom Leben haben als wir selbst. Jesus glaubt nicht, dass Liebe und Gemeinschaft auf der Basis von Gleichheit existieren. Vielmehr beweist sich Liebe im Umgang mit Unterschiedlichkeiten. Dementsprechend hatte Petrus einmal ein ziemlich bestürzendes Erlebnis (Apg 10). Vor dem Mittagessen auf dem Flachdach des Hauses sah er in einer Vision lauter unreine Tiere und wurde aufgefordert, sie zu essen. Der Sinn dieser Vision entpuppte sich als Aufforderung, sich nicht von Menschen zu distanzieren, die er als unrein betrachtete. Vielmehr solle er sie, wie Gott, als rein betrachten. Anders gesagt: Andersartigkeit und Differenzen gibt es. Aber sie sind kein Grund, einander nicht nahe zu kommen. Im Gegenteil sollten sie vielmehr der Grund sein, den Kontakt zu suchen und für die Ergänzung durch die Gemeinschaft offen zu sein.

Die Balance finden – Selbstdifferenzierung

Selbstdifferenzierung ist die Fähigkeit, mit anderen emotional im Kontakt zu sein und doch eigenständig und unabhängig zu bleiben im eigenen Verhalten.

Es ist eine Lebensaufgabe, mit den beiden hier beschriebenen Bedürfnissen von Zugehörigkeit und Eigenständigkeit adäquat umzugehen und sie in ihrer Gegenläufigkeit auszutarieren. Der Schlüssel dazu liegt in einer Haltung, die als „Selbstdifferenzierung" bezeichnet wird. Thomas Härry nennt es „gelassene Entschiedenheit". Bildlich gesprochen ist der eigene emotionale Kompass „entmagnetisiert", das heißt, der unkontrollierte Einfluss durch die Kraftfelder der Zugehörigkeit oder Eigenständigkeit, die in Beziehungen wirksam sind, ist weniger stark.

Selbstdifferenzierung äußert sich in der Fähigkeit, eigenständig zu denken und zu handeln und gleichzeitig im Kontakt mit anderen zu bleiben. Also zum Beispiel, unterschiedlicher Meinungen zu sein und trotzdem respektvoll miteinander umzugehen.

> „Wer selbstdifferenziert ist und mit andern im Kontakt bleibt, wird mit Besonnenheit vor anderen handeln. Das heißt: Ich hänge nicht von der Meinung anderer ab, ich bin aber dennoch zugänglich. Ich stehe zu meinen Überzeugungen, weiß aber auch, dass ich nicht alles weiß und dass wir im Miteinander reifen können. Ich halte Spannungen aus und muss weder wegrennen, um jeden Preis gewinnen oder meine Überzeugung aufgeben."[12]
>
> Marcus Weiand

Selbstdifferenziert handelnde Menschen haben für sich geklärt, wonach sie sich in ihrem Leben richten. Wofür sie stehen. Was ihre tiefsten (nicht verhandelbaren) Überzeugungen und Prinzipien sind. Welche Werte für sie handlungsleitend sind. Nicht zuletzt sind sie sich ihrer Stärken und Grenzen bewusst und kennen die eigenen Gefühle und Bedürfnisse.

Selbstdifferenziert handelnde Menschen können eigene Ziele und Anliegen verfolgen, ohne andere aus den Augen zu verlieren. In ihrem Selbstwertempfinden erleben sie sich wenig abhängig von der Anerkennung anderer – sprich: sie tun das, was sie tun, nicht aus dem Bedürfnis heraus, beachtet und geliebt zu werden. Sie vertreten in angstgespannten Situationen klar die eigene Meinung und hören zugleich hin, verachten die andere Person nicht, nur weil sie etwas anders sieht. Sie übernehmen Verantwortung für sich selbst und fordern nicht, dass andere sich verändern, damit es ihnen besser geht. Das gelingt, weil sie Spannungen aushalten können, indem sie gut für sich selbst sorgen. Das bewahrt sie davor, in emotional-reaktives Verhalten zu verfallen. Sie sind fähig, sich, wo nötig, emotional abzugrenzen, ohne sich zu distanzieren. Gleichzeitig ist es ihnen wichtig, Kontakt und Gespräch zu suchen und zu halten, Kommunikation aufrechtzuerhalten und offen zu gestalten. Erst recht, wenn sich Angst-Spannung ausbreitet.

Selbstdifferenziert handelnde Menschen können im Kontakt mit anderen Menschen und Gruppen entscheiden, worauf sie sich einlassen und wo sie sich abgrenzen. Und sie können dies auch entsprechend kommunizieren. Andernfalls läuft man Gefahr, sich durch die Angst-Spannung bestimmen zu lassen. Also sich vom allgemeinen emotionalen Druck oder Strudel der Ereignisse (in einer Gruppe) erfassen zu lassen.

> „Wie die Umstände sind und wie andere sich verhalten, ist weniger wichtig als die Art und Weise, wie ich selbst mich verhalte.“[13]
>
> Thomas Härry

- Eigenständiges Verhalten und emotionales Verbundenbleiben gehören zusammen. Darin äußert sich Selbstdifferenzierung. Sie wird von anderen wahrgenommen als besonnene Präsenz.

In einer Putztruppe gab es ständig Querelen über „wer und wie und was". Die Leiterin empfahl einer Reinigungskraft, mit einer anderen Kaffeetrinken zu gehen. Und siehe da, die Spannungen nahmen ab. Es muss nicht immer so einfach sein, aber klar ist: Eigenständig handeln und emotional verbunden bleiben gehören zusammen. Sie halten sich sozusagen die Hände. Wenn das gelingt, entsteht besonnene Präsenz in angstgespannten Situationen. Sollten hingegen eigenständiges Verhalten und In-Kontakt-Bleiben die Spannung nicht mehr aushalten und einander loslassen, fallen beide Seiten hin, sprich: Die Selbstdifferenzierung gerät außer Kontrolle. Eigenständiges Verhalten wird übertrieben, mutiert zu Rechthaberei und aggressiver Abgrenzung. Oder das In-Kontakt-Bleiben wird übertrieben und führt zur Beliebigkeit und Profillosigkeit – der eigene Standpunkt ist nicht mehr erkennbar.

In der Aufgabe der Selbstdifferenzierung kann man ein Leben lang wachsen. Ich übe die Haltung ein, volle Verantwortung für das eigene Handeln zu übernehmen, indem ich eigenständig handle und zugleich mit anderen emotional verbunden bleibe. Daraus entsteht besonnene Präsenz, in der die Kraft liegt, Angst-Spannung zu bewältigen.

Selbstdifferenzierung unterbricht den Dominoeffekt

Der Rabbi und Familientherapeut Edwin Friedman formulierte diese Einsicht einmal so: „Man stelle sich die Mitglieder einer Organisation als Dominosteine vor, die auf dem Boden in einem komplizierten Muster aufgestellt sind. Plötzlich entsteht eine Verunsicherung – bildlich gesprochen: ein Stein kippt um, die Kettenreaktion beginnt. Sobald sie den eigenen Stein erreicht, lautet

Dominosteine

die entscheidende Frage: Kann er aufrecht stehen bleiben, die Energie auffangen und damit die Kettenreaktion unterbrechen? Das heißt: Wer kann sich abgrenzen, sich von der Dynamik der anderen nicht anstecken lassen, sich unterscheiden, eigenständig bleiben, um somit kein emotionaler Dominostein im System zu sein?“[14]

Gegensätzliche Grundstrebungen, die zusammengehören

Individualität – Eigenständigkeit ⟷ **Zugehörigkeit – Übereinstimmung**

Individualität – Eigenständigkeit

- Meine Bedürfnisse, Anliegen und Überzeugungen sind klar (durchdacht) und mir bewusst
- Ich vertrete sie angemessen

Indem diese Grundstrebungen adäquat zu ihrem Recht kommen und zusammengehalten werden entwickelt sich **EMOTIONALE REIFE**

Zugehörigkeit – Übereinstimmung

- Ich bleibe im Kontakt und im Gespräch
- Ich bin offen für Impulse, Korrektur und Ergänzungen
- Ich halte Unterschiede aus

↓ Aus der Balance geraten oder Übertreibung

Individualität – Eigenständigkeit
ohne Zugehörigkeit/Übereinstimmung:

- **Aggressive Abgrenzung und Trennung**
- Ich bin entschlossen meine Bedürfnisse, Anliegen und Überzeugungen durchzusetzen, auch wenn es Trennung bedeutet.
- Im Gespräch will ich überzeugen. Ich glaube, dass Andere nicht wirklich Wichtiges zu sagen haben.
- Ich halte Unterschiede nicht aus.

Mögliche Folgen:
Einsamkeit, Ausgrenzung, gewaltvolles Handeln

↓ Aus der Balance geraten oder Übertreibung

Zugehörigkeit – Übereinstimmung
ohne Eigenständigkeit/Individualität:

- **Vorschnelle Anpassung und Verschmelzung**
- Meine Bedürfnisse, Anliegen und Überzeugungen sind schwammig oder unbewusst
- Ich kann sie daher auch nicht klar vertreten
- Ich habe kein eigenes Profil

Mögliche Folgen:
Zulassen von Grenzüberschreitungen, Hörigkeit, depressive Stimmung

Wenn *Individualität/Eigenständigkeit* und *Zugehörigkeit/Übereinstimmung* sich bildlich gesprochen nicht mehr die Hände halten, sondern ohne die andere Seite auszukommen meinen, entsteht übertriebenes Verhalten. Eigenständigkeit oder Zugehörigkeit werden übersteigert. Angst-Spannung verleitet zu Einseitigkeiten. Daraus kann entweder eine reflexartige Distanzierung und Trennung oder aber reflexartige Anpassung und Verschmelzung entstehen.

Um aus den Übertreibungen wieder herauszukommen, muss das positive Gegenüber eingeübt werden. Das würde bedeuten: Ein angstgespannter Mensch, der schwer mit Unterschieden leben kann, begibt sich verstärkt in einen echten Dialog. Und jemand, der nur schwer seinen Standpunkt vertreten kann, übt, auch gegen den Strom zu schwimmen und mutig die eigene Meinung zu vertreten.

Selbstdifferenzierung beginnt damit, dass wir uns klar werden, zu welcher Grundstrebung (Individualität und Eigenständigkeit oder Nähe und Zugehörigkeit) wir jeweils eher neigen, beziehungsweise wo wir in der Gefahr stehen, sie jeweils übertrieben auszuleben.

? Individualität/Eigenständigkeit und Zugehörigkeit/Übereinstimmung: Wohin tendieren Sie eher in welchen Situationen?

Welche positiven Beispiele von selbstdifferenzierten Personen fallen Ihnen ein?

Was könnte Ihnen helfen, die Falle von Anpassung oder aggressiver Abgrenzung zu umgehen oder wenigstens früher zu erkennen?

„Es ist gut, dass ich in meinen Beziehungen eigenständig bin und offen zu meinen Werten und Überzeugungen stehe. Darauf konzentriere ich mich und bleibe gleichzeitig wohlwollend mit meinem Gegenüber verbunden. Ich pflege ein offenes, positives Miteinander und eine konstruktive Kommunikation.“[15]

Thomas Härry

Ein Blick in die Bibel

Im Geist der Kraft, der Liebe und der Besonnenheit leben

Klar, der Begriff Selbstdifferenzierung findet sich nicht in der Bibel. Wenn wir aber beispielsweise lesen, wie dort Weisheit verstanden wird, begegnet uns eine „Persönlichkeit“ und ein Verhalten, das menschenfreundlich zugewandt und gelassen seine Überzeugungen vertritt:

„Ich bin die Weisheit. Ich bin vertraut mit der Klugheit und weiß umsichtig zu überlegen“ (Spr 8,12; GN). *„Der Dummkopf gibt jedem Ärger freien Lauf; der Weise kann sich beherrschen“* (Spr 29,11; GN). Dementsprechend bittet Salomo Gott um ein hörendes Herz (1Kön 3,9), um in seinen Entscheidungen seiner Verantwortung gerecht zu werden.

Das beste Beispiel dafür ist Jesus. Selbstdifferenziert wie er war, blieb er seinen Überzeugungen treu und den Menschen verbunden. Er setzte sich mit (religiös-gesellschaftlich gesehen) unmöglichen Menschen an einen Tisch, ohne sich so zu verhalten wie sie. Er brauchte andere nicht zur Selbstbestätigung, sondern konfrontierte Fragwürdiges, riskierte Konflikte ohne Ansehen der Person (z. B. Mk 3,1–6; 10,17–27) und grenzte sich unter anderem auch gegenüber dem Anpassungsdruck seiner Familie ab (Mk 3,31–35). Den Versuchungen, sich mit aller Gewalt durchzusetzen, widerstand er, indem er sich und Gott treu blieb (Mt 4,1–11; Lk 9,51–56; 22,47–53). Seinerzeit stand auf Ehebruch die Todesstrafe. Ein aufgebrachter Mob stellte ihm eine Falle und lauerte darauf, ob er die Frau steinigen lassen würde, um seine Torah-Treue zu beweisen.

Von der Angst-Spannung des Mobs ließ er sich nicht anstecken. Im Sand malend besann er sich. Seine Ruhe stellte einen Abstand her zwischen sich und dem Mob. Gleichzeitig schuf er damit eine schützende Nähe zur angeklagten Frau. Gelassen entschieden blieb er eigenständig und unabhängig und mit allen Beteiligten emotional im Kontakt, indem er schließlich alle Beteiligten zu selbstreflektiertem Verhalten aufforderte: *„Wer von euch ohne Sünde ist, der soll den ersten Stein auf sie werfen. … Ich verurteile dich auch nicht; du darfst gehen. Sündige von jetzt an nicht mehr!“* (Joh 8,1–11; NGÜ).

Es lohnt sich, in den Evangelien das Auftreten Jesu unter dem Blickwinkel Selbstdifferenzierung zu betrachten. Ganz nah bei den Menschen und ganz er selbst. Sein Verhalten ist ermutigende Lebensschule. In seiner Lebensschule lernen wir vertrauensvolles, gelassenes Handeln, denn *„Gott hat uns nicht einen Geist der Ängstlichkeit gegeben, sondern den Geist der Kraft, der Liebe und der Besonnenheit“* (2Tim 1,7; NGÜ). Und das gilt auch heute noch.

? Was gehört zu Ihren tiefsten Überzeugungen?

Was sind für Sie unverhandelbare Werte, nach denen Sie leben?

„Früher habe ich mich mit euch auseinandergesetzt –
heute setze ich mich mit euch zusammen."

Graffito

KAPITEL 4

MEHR ALS ZWEI SIND EINE GRUPPE

Wie emotionale Dreiecksverbindungen wirken

Darum geht es in diesem Kapitel:

- Wie wir Entlastung suchen, indem wir andere in sogenannte emotionale Dreiecksverbindungen einbeziehen
- Was typische Dreiecksverbindungen sind und wie destruktiv sie wirken können
- Wie biblische Personen uns emotionale Dreiecksverbindungen vor Augen halten
- Wie Sie mit emotionalen Dreiecksverbindungen konstruktiv umgehen können

Emotionale Dreiecksverbindungen!

Sebastian ist sauer, weil sein Kollege Dieter ihm Arbeit, die der nicht gerne erledigt und verschleppt hat, auf den Schreibtisch legt. Weil Dieter seine Abwehrversuche elegant ignoriert, geht Sebastian zu Martina auf der Suche nach Unterstützung. Überhaupt ist das nur eins der Probleme auf der Arbeit. Er sieht, wie einige Dinge grundsätzlich schieflaufen und Fehler produziert werden, die seiner Meinung nach vermeidbar wären. Der Abteilungsleiter müsste nur manches anders organisieren. Seine Verbesserungsvorschläge werden aber nicht ernst genommen. Dafür wird dem Team immer mehr Druck gemacht und Arbeit zugeschoben. Seinen unverdauten Ärger und Frust bringt er mit nach Hause. Dort wird es dann ungemütlich für die Familie. Seinen Sohn schreit er an, weil der sein Fahrrad in der Garageneinfahrt liegen gelassen hatte, sodass er es erst wegräumen musste, um das Auto abzustellen. Dafür zieht der Sohn bald darauf die Katze am Schwanz durch den Hof. Das kann Sebastian nicht sehen, denn er holt gerade sein drittes Bier aus dem Kühlschrank und schimpft dabei über seine Frau, weil die auf dem Weg zum Yoga ist und ihn in dieser Woche bereits zum vierten Mal abends alleine sitzen lässt. Sie sei heilfroh, abends was Schönes vorzuhaben und aus dem Haus zu kommen, erzählt sie ihrer Freundin unterwegs.

Angst-Spannungen machen Beziehungen zwischen zwei Personen emotional instabil. Vorhandene Angst-Spannung, zum Beispiel in Form von Frust und Ärger, sucht sich ein Ventil, das in einer sogenannten emotionalen Dreiecksverbindung gefunden werden kann. Solche Dreiecksverbindungen laufen automatisch und unbewusst ab.

- Es gibt keine zwischenmenschlichen Beziehungen und kein Gruppenleben, ohne dass sich emotionale Dreiecke bilden.

Dreiecke

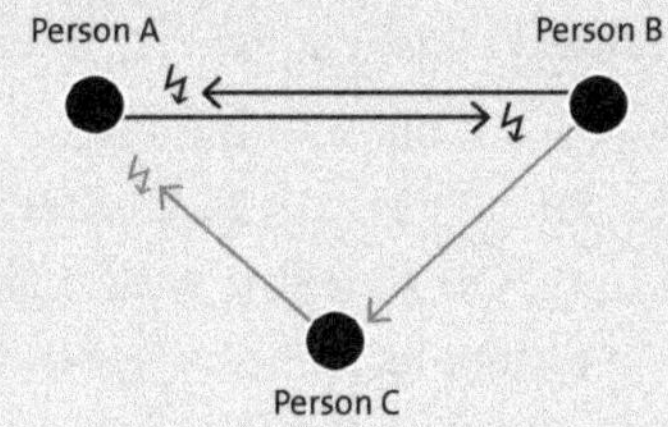

Grundsätzlich gilt: Wo Menschen sind, da entstehen emotionale Dreiecksverbindungen. Zunächst einmal sind sie weder gut noch schlecht. Wir müssen sie nicht vermeiden und/oder abschaffen wollen. Vielmehr geht es darum, sie zu verstehen, wahrzunehmen, das destruktive Potenzial darin zu erkennen und durch konstruktives Verhalten zu entschärfen. Sich destruktiv auswirkende emotionale Dreiecksverbindungen bewusst zu machen ist insofern wichtig, weil sie den eigentlichen Spannungsherd überdecken.

Gewöhnlich sind zwei Ecken der Dreiecksverbindung näher beieinander und die dritte Ecke ist in einer distanzierteren Außenposition.

In relativ entspannten Zeiten werden A und B ihre Nähe und Distanz wenig regulieren müssen. Werden Differenzen spürbar und die Angst-Spannung steigt, wird die Person, die sich am unwohlsten fühlt, sich auf C zu bewegen. Im obigen Beispiel passiert das, indem Sebastian die Angst-Spannung aus der Beziehung mit Dieter weiterträgt zu Martina und ihre Nähe sucht.

In dem Verlangen, sich zu entlasten, wird eine dritte Person, Partei oder Instanz einbezogen. Diese dritte Instanz kann alles Mögliche sein – Menschen, Aktivitäten, Arbeit, Rauschmittel, Krankheit etc.

Die Dreiecksverbindung hilft, die in dem zwischenmenschlichen Kontakt entstandene Angst-Spannung zu regulieren, indem sie sie auf mehrere Parteien verteilt (siehe Diagramm). Ist die dritte Instanz eine Person, übernimmt sie die Angst-Spannung, die eigentlich nicht ihr gehört, bzw. sie übernimmt einen Teil dieser Angst-Spannung. Ob sie selbst wiederum zu ihrer Entlastung eine andere emotionale Dreiecksverbindung kreiert oder im Sinne von selbstdifferenziertem Verhalten damit umgeht, ist offen.

Ist die dritte Instanz nicht personal, sondern z. B. Arbeit, Alkohol oder ein anderes Medium, absorbiert sie die Angst-Spannung durch ihre ablenkenden oder betäubenden Effekte und wirkt vorübergehend deeskalierend.

Grundsätzlich verfolgt eine emotionale Dreiecksverbindung zwei Ziele: 1) Sie soll Angst-Spannung absorbieren, um diese wenigstens auf ein erträgliches Maß zu reduzieren. 2) Sie soll unangenehme Differenzen und Dissonanzen kaschieren, weil man sich der Auseinandersetzung damit nicht gewachsen sieht. Damit bleiben die eigentlichen Ursachen und Motive im Nebel und können nicht konstruktiv bearbeitet werden.

Im vorgenannten Beispiel lassen sich einige emotionale Dreiecksverbindungen erkennen und grafisch darstellen. Wir finden sie in Form von: Arbeit zuschieben, Sohn anschreien, Katze ärgern (ob die Katze sich an einer Maus schadlos hält, ist unbekannt), Alkohol trinken, Abendaktivitäten.

Ineinandergreifende Dreiecksverbindungen

In jedem Beziehungssystem greifen die verschiedenen emotionalen Dreiecksverbindungen ineinander. In dem sie aufeinander reagieren, entstehen Wechselbeziehungen und Wechselwirkungen. So miteinander verflochten wirkt sich jedes Handeln auf andere einbezogene Personen aus.

Typische emotionale Dreiecksverbindungen

Ziel aller Dreiecke ist, emotionalen Stress und Angst-Spannung abzubauen.

Zwei-zu-eins-Dreieck

In dieser klassischen Form von Dreiecksverbindung wendet sich eine Person, die mit einer andern Person Schwierigkeiten hat, an eine Drittperson.
Diese hört sich zum Beispiel die Klagen an, verbündet sich innerlich allenfalls mit der klagenden Person und wird eventuell sogar an ihrer Stelle etwas unternehmen. Möglicherweise ist dies aber gar nicht notwendig. Das aufmerksame Zuhören und Partei-Ergreifen gegen die Drittperson mag ausreichen, damit die klagende Person Entlastung erfährt und so die Probleme nicht direkt ansprechen muss.

Schiedsrichter-Dreieck

In dieser Variante versucht eine Drittperson, die Beziehung der beiden andern zu beeinflussen, indem sie sie entweder näher zueinander- oder auseinanderbringen will. Ob angesichts des Problems diese dritte Person ungefragt aus eigenem Antrieb aktiv wird oder „notgedrungen“ auf den Wunsch einer Partei hin, ist sekundär.

Sündenbock-Dreieck

Hier wird die Angst-Spannung zwischen zwei Personen oder Gruppen abgebaut, indem sie sich an Dritten (Person oder Gruppe) entlädt. Und zwar durch aggressives Verhalten oder indem man sich gegen eine dritte Person oder Gruppe verbündet. Mobbing funktioniert nach diesem Prinzip, wie auch die gesellschaftliche und politische Ausgrenzung, Verteufelung oder Verfolgung bestimmter Personengruppen (wir kommen in Kapitel 6 darauf zurück).

Thematische oder ideelle Dreiecke

Menschen, die entweder eine explosive oder eine distanzierte Beziehung haben, benutzen ein gemeinsames Thema, wo Einigkeit besteht oder über das man gemeinsam klagen kann, als eine Möglichkeit für punktuelle Nähe und Verbundenheit.

Emotionale Dreiecksverbindungen folgen Gesetzmäßigkeiten

Die ins Dreieck eingebundene dritte Person erntet den Stress der Beziehung anderer. Sie trägt die Last und die Spannung der beiden anderen Personen und deren Beziehung. Damit übernimmt die Drittperson auch Verantwortung für das, was in der Beziehung der beiden anderen Personen geschieht und geschehen soll.

Dreiecksverbindungen verhindern meist eine echte Lösung des wirklichen Problems. Häufig zementieren sie stattdessen den Ist-Zustand, denn die ursprüngliche Spannung und Problematik muss nicht angeschaut werden. Sie lässt sich ja auf die Drittpartei projizieren.

Dreiecksverbindungen sind langlebig. Sie leben sogar länger als die Menschen, die sie ursprünglich ins Leben riefen. In einer Familie, Gruppe oder Organisation werden bestimmte Positionen in Dreiecksverbindungen auch nach dem Ausscheiden, dem Wegzug oder Tod sofort wieder besetzt. Die tiefer liegende Angst-Spannung ist ja nach wie vor vorhanden und die ausgefallene Person oder Gruppe in der Außenposition hatte nur eine Blitzableiterfunktion.

? Welche Art Dreiecksverbindung kommt Ihnen sehr bekannt vor? Wo erleben Sie diese?

- Zwei-zu-eins-Dreieck
- Schiedsrichter-Dreieck
- Sündenbock-Dreieck
- Thematisches/ideelles Dreieck

In welchen Zeiten, Situationen werden sie besonders aktiv?

Welche Rolle spielen Sie darin/wie gehen Sie damit um?

Ein Blick in die Bibel

Emotionale Dreiecksverbindungen und wie sie sich auswirken

Adam und Eva

Sie machen sozusagen den Anfang (1Mo 3). In eine entspannte Beziehung mit Gott schleicht sich das Misstrauen ein, ob Gott es wirklich so gut meint, wie er tut. Die aufkommende Angst-Spannung Evas entzündet sich an einem Baum und den verführerischen Fragen einer Schlange. Gott könnte mir etwas vorenthalten. Ich könnte zu kurz kommen (Dreieck 1). Die vertraute Zugehörigkeit und Gemeinschaft erhält einen Riss. Distanz entsteht zu Gott, der in die Außenposition gerät, womit eine gewisse Nähe zur Schlange zustande kommt. Mit etwas Fantasie, aber ohne biblische Grundlage, könnte man sich die Schlange auch vorstellen als ein Geschöpf, das irgendwie mit Gott über Kreuz ist und seine misstrauische Angst-Spannung an Eva weiterleitet (Dreieck 2). So oder so gibt Eva ihre beziehungsstörende Angst-Spannung weiter an Adam. Beide distanzieren sich von Gott, indem sie beschließen, von der verbotenen Frucht zu essen (Dreieck 3). Das soll die aufgekommene Angst-Spannung auflösen. Doch das Gegenteil geschieht. Sie sehen einander plötzlich mit anderen Augen. Das zerstörte Vertrauensverhältnis hinterlässt sie nackt – sprich: schutzlos, voreinander schutzlos (Dreieck 4). In höchster Angst-Spannung basteln sie sich aus Blättern einen notdürftigen Schutz und verstecken sich. Doch das hilft nicht viel. Der Beziehungsbruch ist zu offensichtlich und Gottes ganzheitlicher Schutz des Lebens vertan.

Hier zeigt sich, dass es im Leben Dinge gibt, die nicht mehr rückgängig gemacht werden können, wo der ursprüngliche Weg anders weitergehen muss. In der Erzählung erweist sich Gott als derjenige, der die Angst-Spannung aushält, sie nicht auf destruktive Weise in andere Dreiecksverbindungen weitergibt, sondern sich konstruktiv selbstdifferenziert verhält. Denen, die sich von ihm distanziert haben, die sich selbst nicht schützen können, „näht" er schützende Kleider und ermöglicht ihnen eine neue Lebensgrundlage.

Petrus

In einer neutestamentlichen Szene erfahren wir, dass der Jude Petrus mit Nichtjuden zum Essen zusammensitzt. Die Vorstellung, so etwas zu wagen, hatte kurz vorher noch allerhöchste Angst-Spannung und Ablehnung in ihm ausgelöst (Dreieck 1). Als frommer Jude setzte man sich eben nicht mit „Ungläubigen" an einen Tisch. Doch er hatte dazugelernt und war über seinen traditionellen religiösen Schatten gesprungen (Apg 10,1–8). Seither riskierte er relativ entspannt auch Tischgemeinschaft mit Nichtjuden. Davon hören nun einige seiner frommen Brüder, die sein Verhalten völlig unmöglich finden (Dreieck 2). Höchst aufgebracht schicken sie eine Abordnung los, um Petrus zur Besinnung zu bringen. Als die auftauchen, bekommt Petrus deren glühende Angst-Spannung voll ab. Es gelingt ihm nicht, sich dagegen abzugrenzen. Also verabschiedet er sich vom gemeinsamen Essen mit den Nichtjuden. Das beruhigt seine jüdischen Brüder sehr (Dreieck 3). Als aber Paulus erfährt, wie Petrus sich neuerdings wieder von den Nichtjuden distanziert, packt ihn zornige Angst-Spannung (Dreieck 4). Er geht zu Petrus, um ihn zur Rede zu stellen und ihn zu bewegen, sein Verhalten rückgängig zu machen (Gal 2,11ff). Man kann sich denken, wo daraufhin die Angst-Spannung wieder landete, doch das wird nicht weiter berichtet.

Psalmen – im emotionalen Dreieck beten

In etlichen Psalmen gibt es nicht nur vertrauensvolle, dankbare und lobende Worte, sondern klagende, bittende, verstörend brutale und rachsüchtige. Dort schreien Menschen ihre schmerzhaften Lebenserfahrungen – ihre Angst-Spannungen – zu Gott. Zum Beispiel in Ps 69,19–31 (GN):

„Komm zu mir, befreie und rette mich, damit meine Feinde schweigen müssen! Du weißt, wie man mich verhöhnt, mich entehrt und mit Schande überschüttet; alle meine Gegner stehen dir vor Augen. Die Schmach bricht mir das Herz, ich bin zutiefst verwundet. Ich habe auf Mitgefühl gewartet, doch niemand hat es mir erwiesen. Ich habe einen gesucht, der mich tröstet, und keinen Einzigen gefunden. Statt Nahrung haben sie mir Gift gereicht, mir Essig angeboten, um meinen Durst zu löschen. Ihre Opfergelage sollen ihnen zum Fallstrick werden, der sie ins Verderben bringt, sie und alle ihre Tischgenossen! Lass sie blind werden und nichts mehr sehen, mach sie für immer kraftlos und krank! Schütte deinen Zorn über sie aus, hole sie ein mit der Glut deines Grimms! Ihr Lagerplatz soll verwüstet werden, mach ihre Zelte menschenleer! Denn erbarmungslos jagen sie mich … durch deine Hilfe, Gott, bring mich in Sicherheit! Dann kann ich dich preisen mit meinem Lied und deine Größe verkünden durch meinen Dank."

Die emotionale Dreiecksverbindung ist offensichtlich. Angesichts eines übermächtigen Gegners wird die Nähe Gottes gesucht, suchend das Gemeinsame mit Gott hervorgehoben. Da sieht sich jemand bösen Menschen ausgeliefert, wird schwer bedrängt, misshandelt. Das klagt er Hilfe suchend Gott, von dem er erwartet, dass er Partei für ihn ergreift und ihn rettet. Betende in der Bibel nehmen kein Blatt vor den Mund. Indem sie ihre Rachegelüste Gott hinwerfen, suchen sie Entlastung, üben dabei keine Selbstjustiz, sondern überlassen Gott ihren Zorn und Schmerz und die Vergeltung. Das tun sie nicht, ohne sich letztlich selbst Gottes Beurteilung und Entscheidung zu unterstellen und zu überlassen.

Ps 139,19–24 (GN)

„Halte mir diese Mörder vom Leib! Sie reden Lästerworte gegen dich; Herr, deine Feinde missbrauchen deinen Namen! Wie ich sie hasse, die dich hassen, Herr! Wie ich sie verabscheue, die gegen dich aufstehen! Deine Feinde sind auch meine Feinde, ich hasse sie glühend. Durchforsche mich, Gott, sieh mir ins Herz, prüfe meine Wünsche und Gedanken! Und wenn ich in Gefahr bin, mich von dir zu entfernen, dann bring mich zurück auf den Weg zu dir!"

Auf derart dreiste Weise zu beten, stärkt eine selbstdifferenzierte Haltung und hilft, Angst-Spannung abzubauen. Sie wird nicht ausagiert, sondern reguliert. So entsteht in der emotionalen Dreiecksverbindung keine destruktive, sondern eine konstruktive Wirkung.

Aus destruktiven Dreiecksverbindungen aussteigen

Gefragt ist Selbstdifferenzierung

Eine Gruppe, eine Familie oder Gemeinde stellt immer ein Beziehungssystem dar. Die Frage ist nicht, ob es darin emotionale Beziehungsdreiecke gibt. Es gibt sie. Die Frage ist, wie jede einzelne Person damit umgeht. Egal wer sich in welche Position des Dreiecks bewegt – es wird Auswirkungen haben auf die anderen, die ins Dreieck einbezogen sind. Es entsteht ein Mobile-Effekt.

Der wirkt über die direkt Beteiligten eines Dreiecks hinaus. Stößt man ein Teil des Mobiles an, kommen alle Teile, auch die weiter entfernten, in Bewegung. Erinnern wir uns noch einmal zurück an die ineinandergreifenden Dreiecke.

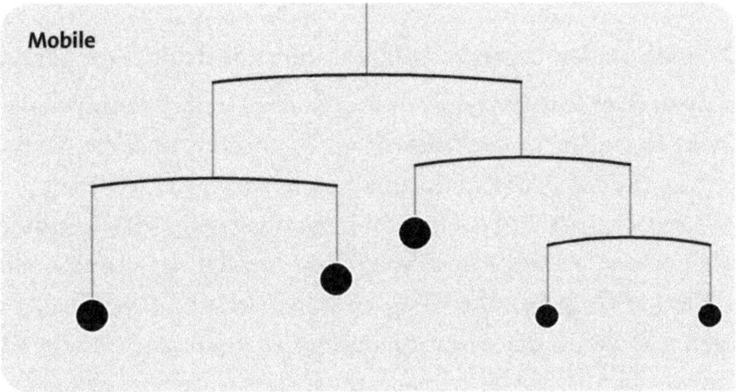

Die eigene Wahrnehmung schärfen

Um aus emotionalen Dreiecksverbindungen auszusteigen, muss man sie zuerst als solche erkennen. Dies braucht eine gewisse Fähigkeit zur Distanzierung. Bildlich gesprochen bedeutet dies einen Wechsel vom Spielfeld auf die Zuschauertribüne.

Um das zu tun, gilt es, die eigene Wahrnehmung zu schärfen, also zu beobachten, wie Kommunikation und Interaktion unter Beteiligten läuft. Welche typischen Dreiecke (siehe Seite 71f.) werden erkennbar?

Jede und jeder ist eine potenzielle Drittperson. Man muss sich klar darüber sein und wachsam sein, wo man selbst in der Gefahr steht, sich in emotionale Dreiecksverbindungen einspannen zu lassen.

Wo und wie lasse ich mich leicht von Angst-Spannung anderer anstecken und werde aktiv? Um sich hier selbst etwas besser auf die Schliche zu kommen, ist es hilfreich, sich in einer vertrauten und entspannten Atmosphäre von anderen Menschen Feedback zu dieser Frage geben zu lassen.

Mit emotionalen Dreiecksverbindungen konstruktiv umgehen

Konstruktiver Umgang mit emotionalen Dreiecksverbindungen besteht darin, prinzipiell die Angst-Spannung und die Verantwortung für das Problem dort zu lassen, wo sie herkommen.

Ist zwischen A und B ein Problem aufgetaucht, das zumindest bei einer der beiden Angst-Spannung erzeugt, ist grundsätzlich das direkte Gespräch der Weg, um die Sache und Beziehung zu klären und damit die Angst-Spannung zu lösen. Auf diesem Klärungsweg kann die Angst-Spannung jedoch zwischenzeitlich auch stark steigen. Oder es wird befürchtet, dass das geschieht. Doch dieses Risiko muss man wagen. Vor allem aber: Diesen Schmerz, den Angst-Spannung erzeugt, muss man aushalten (wollen), wenn wirklich eine Klärung und positive Veränderung erreicht werden soll. Es geht daher nicht ohne direkte Kommunikation.

Um als potenzielle Drittpartei die Angst-Spannungen anderer nicht zu übernehmen und sich aus einer Dreiecksverbindung zu lösen beziehungsweise sie zu verhindern, ist ebenfalls direkte Kommunikation wesentlich.

Man kann den Betroffenen helfen, ihre Verantwortung wahrzunehmen,

- indem man sich z. B. weigert (und seine Neugier zügelt), nähere Details zu erfragen oder sich erzählen zu lassen;
- indem man sich weigert, sogenannte Geheimnisse für sich zu behalten, da diese einen sofort zur solidarischen Drittperson in einer Dreiecksverbindung machen und sehr leicht

eigene Befangenheit im Umgang mit der Person in der Außenposition auslösen;

- die klagende Partei ermutigt, sich direkt beim Betroffenen zu äußern;
- indem man Hilfe als neutrale Drittperson anbietet. Das bedeutet, im Gespräch miteinander über Wege und Schritte nachzudenken, welche die klagende Person wagen will, um die vorhandenen Schwierigkeiten und Spannungen positiv zu verändern. Entscheidend dabei ist, nicht als Ratgeber/in aufzutreten und Lösungen für die Person zu finden, sondern dem Gegenüber zu helfen, selbst Lösungen zu entwickeln.

Als Drittpartei geht es grundsätzlich darum, in gelassener und offener Kommunikation zu beiden Parteien zu bleiben und nicht den Beziehungsstress der beiden andern auf sich zu nehmen. Nebenbei bemerkt: eine gesunde Portion Humor, die den Umständen angemessen ist, kann befreiend wirken.

Klare Zuständigkeiten, Abmachungen und deren beharrliche Umsetzung fördern einen konstruktiven Umgang mit angstgespannten Dreiecksverbindungen in jeder Gruppe, in Teams wie Familien oder Organisationen und Kirchengemeinden. Unklare Zuständigkeiten, Rollen und Abmachungen fördern die Entstehung von problematischen (emotionalen) Dreiecksverbindungen und sind – nach Ansicht verschiedener Fachleute – eine Hauptursache für Burnout.

> „Direkte Kommunikation vorzuleben und eine gesunde, alle Beteiligten stärkende Rolle einzunehmen, also nicht Partei zu ergreifen, kann zwar zuerst Irritation auslösen, zugleich wird es aber auch modellhaft wirken und NachahmerInnen finden. Notwendig ist gelassene Ausdauer und ein gewisses Maß an Beharrlichkeit, dies zu praktizieren und einzuüben.“[16]
>
> Madeleine Bähler

Ein Blick in die Bibel

Direkt hingehen

Jesus hat einmal einen Leitfaden formuliert für den Umgang mit angstgespannten Situationen und Beziehungen (Mt 18,15–17/20). Im Prinzip geht es darum, das direkte Gespräch zu suchen und im Gespräch aufeinander zu hören. Das ist nicht nur das entscheidende Wort, sondern die Haltung: Einander zuhören. Das heißt voneinander mehr erfahren. Einander verstehen lernen. Voneinander und miteinander lernen. Person A soll das Gespräch mit B suchen, wenn sie merkt, dass da etwas schiefläuft in der Beziehung. Wenn das zu zweit misslingt, so Jesus, sollte man ein oder zwei Vertrauenspersonen hinzuziehen in dem Versuch, die Sache miteinander zu klären. Diese Drittpersonen sollen nicht in der Art von destruktiven Dreiecken tätig sein, sondern auf konstruktive Weise. Kommt auch diese kleine Gruppe nicht zum Ziel, soll in einem erweiterten Kreis versucht werden, eine Klärung zu erreichen. In jeder „Gesprächsstufe" entscheidet sich alles am Aufeinander hören. Wenn das alles doch nicht funktioniert, dann, so Jesus, soll die Person A die Person B behandeln, wie er selbst mit Menschen umgegangen ist, die aus dem üblichen religiösen und gesellschaftlichen Rahmen hinausgefallen sind: Immer war Jesus bereit, Beziehung mit ihnen aufzunehmen.

? Welches Beispiel kommt Ihnen in den Sinn, in dem jemand aus einer Dreiecksverbindung ausgestiegen ist bzw. es vermeiden konnte einzusteigen (ich selbst oder eine andere Person). Wie ist das gelungen?

Erinnern Sie sich an ein Erlebnis, in dem Sie andere in ein Dreieck einbezogen haben? Wie lief das ab?

Wie hätten Sie aus heutiger Sicht anders reagieren können?

Erinnern Sie sich an ein Erlebnis, in dem Sie sich von jemand in ein Dreieck haben hineinziehen lassen?

Warum sind Sie darauf eingegangen? Wie hätten Sie aus heutiger Sicht anders reagieren können?

„Allen Gutes tun,
aber jedem die eigene Verantwortung lassen.“

Papst Johannes XXIII.

KAPITEL 5

ASYMMETRISCHE BEZIEHUNGEN

Unterfunktionieren – Überfunktionieren

Darum geht es in diesem Kapitel:

- „Wenn ich's nicht mache ...“ – „Nicht mein Bier“
- Mangelndes selbstdifferenziertes Verhalten kann zu Überlastung und Abhängigkeit voneinander führen
- Wie Überfunktionierer und Unterfunktionierer ticken
- Was Hiobs Freunde mit ihrer Angst-Spannung machen und warum der barmherzige Samariter und Maria sich gut ergänzen
- Wie Sie aus asymmetrischen Beziehungen aussteigen können

„Wenn ich's nicht mache ..." – „Nicht mein Bier"

Ihr Chef kann von Glück reden! Franziska ist eine klassische und perfekte Assistentin. Vorausblickend, zuverlässig, verschwiegen und immer zur Stelle. Seit sie ein Dienst-Handy hat, ist sie jederzeit für ihn erreichbar – notfalls noch um Mitternacht. Sie hat den Laden im Griff. Als Erste ist sie im Büro und verlässt es selten vor 19 Uhr. Oft stellen sich bei ihr am späten Nachmittag leichte Magenkrämpfe ein, die sich nur langsam in ihr Bewusstsein schleichen. Dann fällt ihr auf und ein, dass sie seit ihrem Frühstück zu Hause vor mehr oder weniger neun Stunden nichts mehr gegessen hat.

Sonntags nach dem Gottesdienst gibt es „Kirchenkaffee". Dafür hat Roland zehn Jahre lang – ohne viel Aufhebens – samstags im Gemeindesaal Stehtische aufgestellt und ein paar Sitzgelegenheiten hergerichtet. Das Kaffeeteam konnte sich darauf verlassen, morgens vor dem Gottesdienst in aller Ruhe die restlichen Vorbereitungen erledigen zu können. Vor drei Monaten hat Leo diese Aufgabe von Roland übernommen. Meistens kommt er erst am Sonntag „kurz vor knapp", um seine Aufgabe zu erledigen. Ein paar Mal hat er es schon vergessen. Dann gibt's Stress. Aber weil Roland – wie immer – früh da und hilfsbereit ist, hat er dann die Dinge schnell hergerichtet. Der danach eintreffende Leo ärgert sich, weil er umsonst gekommen ist und „der ihn nicht machen lässt". „Unordentlich sieht es immer aus, wenn Leo das macht", beklagt Roland sich und hat deshalb auch schon mehrfach die von Leo bereits gestellten Tische und Sitze so hingerückt, „wie es sich gehört".

Das hat Maria schon immer gemacht: Beim Essen schmiert sie Peter das Brot, schenkt ihm Kaffee ein, füllt ihm den Teller. Sie zerdrückt ihm auch die Kartoffeln, damit die Sauce einen kleinen See bildet – das mochte er als Kind schon so. Derweil liest er Zeitung oder ist mit seinem Handy beschäftigt. Dass sie ihm die Wäsche macht und überhaupt den ganzen Haushalt führt, ist doch selbstverständlich. Sie ist ja seine Mutter. Sie schafft das schon, auch wenn es ihr manchmal ein bisschen viel wird. Wenigstens ab und zu könnte er ja mal den Rasen mähen, sich um den tropfenden Wasserhahn kümmern oder bei der einen oder anderen Kleinigkeit zur Hand gehen. Manchmal sagt sie deswegen was – und er verspricht, es zu erledigen. Aber fast immer bleibt es trotzdem an ihr hängen. Maria kennt das. Ihr Mann war genauso einer. Dem musste sie sogar noch die Kleider rauslegen, die er anziehen sollte – sonst wäre der rumgelaufen wie ein Penner. Klar, sie will Peter ja auch so gut wie möglich den Rücken freihalten, wo der doch sonst so viel zu tun hat. Erst recht, seit er Leiter der Innenrevision ist. Den Vorsitz im Sportverein hat er auch am Hals und jetzt wird er außerdem noch in den Stadtrat gewählt werden. Sie ist stolz auf ihren erfolgreichen Sohn.

Asymmetrisch „tanzen"

- Mangelnde Selbstdifferenzierung äußert sich im Überfunktionieren und Unterfunktionieren.

Der Rabbi und Familientherapeut Edwin Friedman hat zwei typische Verhaltensmuster beschrieben, die ihre Wurzeln in angstspannungsbedingter mangelnder Selbstdifferenzierung haben. Er prägte für sie die Begriffe Überfunktionieren und Unterfunktionieren.

Unter der Überschrift „Reflexartige Anpassung und Verschmelzung" haben wir in Kapitel 3 schon erfahren, was passieren kann, wenn jemand in der Beziehung mit einem anderen Menschen „sich selbst verliert". Hohe Angst-Spannung kann zu sehr eng verflochtenen oder verschmolzenen Beziehungen führen. Und diese können enorm ungleich sein – asymmetrisch sozusagen. Asymmetrisch einander angepasst finden die Betreffenden durch überfunktionierendes und unterfunktionierendes Verhalten eine Balance in ihrer Beziehung. Über- und Unterfunktionierende bedingen sich gegenseitig. Gewissermaßen tanzen sie in ungleichen Schritten miteinander vor und zurück. Die Tanzschritte bestehen in mangelnder Eigenständigkeit, Überlastung und Abhängigkeit voneinander. Und im Grunde mangelt es beiden Seiten an selbstdifferenziertem Verhalten.

Wo ein Überfunktionierer ist, ist ein Unterfunktionierer nicht weit. Sie bedingen sich gegenseitig. Gewissermaßen tanzen Sie gemeinsam.

Überfunktionieren

Typische Sätze und Überzeugungen von Überfunktionierenden sind: „Wenn ich es nicht mache, macht es niemand." – „Wenn ich es mache, weiß ich wenigstens, dass es (richtig) gemacht ist." – „Immer bleibt alles an mir hängen." – „Ich bin verantwortlich."

Überfunktionierende Menschen wie Franziska, Roland und Maria denken, fühlen und handeln in bestimmten Bereichen für andere. Dabei erscheinen sie verantwortungsbewusster, souveräner und verlässlicher als andere. Sie können auf laute oder leise, auf bescheidene oder anmaßende Weise dominant sein. Gefragt oder ungefragt tun sie Dinge für andere, die diese selbst erledigen könnten, erteilen Ratschläge und reden in aller Regel mehr, als dass sie zuhören. Sie fühlen sich verantwortlich für die Befindlichkeit des anderen und sorgen sich übermäßig um dessen Wohlergehen. Sie meinen zu wissen, was gut ist für die anderen. Sie sind überzeugt, das Problem richtig zu verstehen und die besseren Ideen und Lösungen zu haben. Dabei können sie Ziele für den anderen im Sinn haben, die die betreffende Person gar nicht selbst verfolgt oder verfolgen möchte. Mit unrealistisch hohen Erwartungen an sich selbst und an andere machen sie sich und anderen das Leben schwer. Sie übernehmen (mehr und mehr) Verantwortung für unterfunktionierende Menschen (einzelne oder mehrere), damit es denen „gut geht" oder sie „richtig funktionieren".

Sie können (zu) viel Lob und Anerkennung erfahren für das, was sie tun – aber ebenso auch (zu) viele Vorwürfe, wenn die Dinge nicht so laufen, wie andere es von ihnen gewohnt sind. Ihr übersteigertes Engagement stresst Überfunktionierende durchaus. Sie haben wenig Bewusstsein für die eigenen Bedürfnisse, nehmen ihre eigenen Empfindungen und Wünsche nur schlecht wahr. Es kann zu plötzlichen emotionalen oder auch körperlichen Erschöpfungszuständen kommen, sprich: sie sind burnoutgefährdet. Unter dem Eindruck und Leidensdruck, dass ihnen alles zu viel wird, gibt es periodische Versuche, alles aufzugeben, nichts mehr zu machen und unterzufunktionieren. Sofern aus einer solchen Krise keine Einsicht in den „asymmetrischen Tanz" und keine entsprechende Verhaltensänderung erfolgt, fallen sie bald wieder in ihr bisheriges Beziehungsmuster zurück.

Wer macht, hat Macht!

Überfunktionierende Menschen sind in der Regel wirklich begabt, kompetent, leistungsfähig. Problematisch ist nur, dass sie ihre Stärken aus ihrer Angst-Spannung heraus einsetzen. So, wie sie ihre Fähigkeiten einsetzen, verstärken sie den asymmetrischen Tanz und verhindern, dass die andere Person mehr Eigenständigkeit entwickelt. Mit ihren Bemühungen für andere, auch wenn sie gut gemeint sind, versuchen Überfunktionierende ihre eigenen Angst-Spannungen abzubauen. In diesem getriebenen Engagement üben sie Macht aus über andere und können daher auch als anmaßend, übergriffig, distanzlos oder bedrängend erlebt werden – häufig, ohne sich dessen überhaupt bewusst zu sein.

Unterfunktionieren

Unterfunktionierende Menschen leben im Grunde unter ihren Möglichkeiten. Sie tun sich schwer, ihre eigenen Fähigkeiten und Kompetenzen einzusetzen und zu entfalten. Sie tun weniger, als sie eigentlich wirklich könnten, oder trauen sich selbst oft nicht viel bzw. immer weniger zu. Gewichtig ist beispielsweise das „Gefühl, vor einem Berg zu stehen"; der Eindruck, dass „andere das sowieso besser können", oder die rationalisierende Einschätzung: „So schlimm ist es auch wieder nicht, dass man etwas tun müsste". In ihrer unterschwellig lähmenden Angstspannung neigen sie dazu, sich so zu verhalten, dass man ihnen „helfen muss", weil sie es „nicht verstehen", es „nicht können", weil sie „zu langsam" sind, „keine Ahnung haben". Es ist einfacher, andere für sich denken, sorgen und handeln zu lassen. Sie bitten (vor-)schnell und häufig um Rat, wenn an sich ihr eigenständiges Denken gefordert wäre. Gerne hören sie zu, sind zurückhaltend darin, sich eine eigene Meinung zu bilden, diese zu vertreten oder ihre Sichtweise einzubringen.

Sich Ziele zu setzen und konsequent zu verfolgen ist nicht die Sache von Unterfunktionierenden. Wagen sie es doch, werden diese oft rasch wieder aufgegeben.

Unterfunktionierende können sich zudem wirkungsvoll beklagen, wenn der andere ihre eigenen Bedürfnisse nicht richtig erkannt und zufriedengestellt hat. Dann strengt sich der Überfunktionierende oft doppelt an, es ja richtig und gut zu machen.

Verantwortung anderen zu überlassen fällt ihnen sehr leicht. Manche verhalten sich vielleicht auch nur in einem bestimmten sozialen Kontext unterfunktionierend, während sie in einem anderen Setting ihre Aufgaben und Verantwortungen wahrnehmen, wie das Beispiel von Peter andeutet. Darüber hinaus kommt es vor, dass zum Beispiel Paare sich in der Rolle des Über- und Unterfunktionierens periodisch abwechseln. Irgendein Anlass und eine Veränderung im Leben oder in der Gesundheit verschieben die Beziehungsdynamik, sodass der bis dahin unterfunktionierende Teil „jetzt ran muss".

Nicht untypisch ist es für unterfunktionierende Menschen, physisch oder psychisch zu erkranken. Beispielsweise besteht eine Suchterkrankung nicht nur im Substanzmissbrauch, sondern sie ist häufig auch in sozialer Hinsicht eine Abhängigkeitserkrankung. Therapeuten sprechen dann von Co-Abhängigkeit des Partners oder der Partnerin, und die substanzmissbrauchende Person wird als Symptomträger eines dysfunktionalen Beziehungssystems verstanden. Anders gesagt: Das direkte Beziehungssystem (sei es Partner, Familie, Kollegium o. a.), in dem ein suchterkrankter Mensch lebt, weist massive über-/unterfunktionierende Züge auf und stabilisiert damit die Erkrankung.

Angst-Spannung bewirkt gegenteilige Haltungen

Überfunktionierer treibt die Angst-Spannungen an, immer mehr zu tun und zu leisten, während Unterfunktionierer durch Angst-Spannungen eher gelähmt werden und zu Passivität neigen.

Angemessen Helfen ist kein Überfunktionieren

In der Erziehung ihrer Kinder geben Eltern normalerweise Schritt für Schritt Verantwortung an die älter werdenden Kinder ab. Altersgerecht wird es dem Kind überlassen, was es selbst tun kann. Ein Neugeborenes wird in jede Ecke der Wohnung getragen, ein Krabbelkind erobert sich das Wohnzimmer selbstständig. Wenn das Kleinkind hinfällt, wird es im Normalfall nicht mit einem besorgten Aufschrei der Eltern aufgehoben, sondern es steht allein wieder auf. Der Vierjährige wird nicht mehr im Kinderwagen zum Kindergarten gebracht, sondern läuft neben Vater oder Mutter her. Die Zweitklässlerin hat an der Hand von Erwachsenen den Schulweg kennengelernt und geht dann mit anderen Kindern den Weg. Der Elfjährige nimmt allein den Bus zum Fußballtraining usw.

Verantwortungsbewusste Eltern schützen ihr Kind nicht vor jeder Belastung und retten es nicht aus jeder Schwierigkeit. Eltern, die ihre Angst-Spannung im Griff haben, bringen ihrem Kind altersgemäß bei, für sich selbst Verantwortung zu übernehmen.

Sie muten ihm entsprechend zu, auch schwierige und herausfordernde Situationen zu bewältigen, ohne es zu überfordern.

Klar brauchen Kinder Hilfe – entsprechend ihres Alters und ihrer Fähigkeiten. Klar brauchen auch erwachsene Menschen in bestimmten Situationen Hilfe und Unterstützung. Es gibt Momente oder Krisen, wo wir etwas für jemand anderen tun, was er oder sie an sich selbst tun könnte. Jemandem beim Abendbrot die Butter zu reichen, einer älteren, bewegungsunsicheren Person über die Straße zu helfen oder einem Kranken irgendetwas zu besorgen, sind Akte aufmerksamer Höflichkeit, guter Manieren und sinnvoller Hilfsbereitschaft. Aber es ist so unverantwortlich wie entwürdigend oder entmündigend, Menschen in unangemessener Weise und konstant überfürsorglich zu bemuttern – selbst wenn die unterfunktionierende Person sich beklagt, man sei herzlos.

Was wären wir ohne überfunktionierendes Verhalten!?

Überfunktionierer sind die „besten" Kollegen und Kolleginnen, die „besten" Mitglieder. Sie sind die Stützen des Betriebs, die menschlichen Pfeiler der Kirchengemeinde oder des Vereins. Immer hilfsbereit, immer dabei, wenn Freiwillige gesucht werden, wenn es etwas zu erledigen gibt. „Wenn nur alle so verbindlich und engagiert wären …" Sie bieten sich an, sie machen es gut und auf sie ist Verlass. „Nicht verzagen, Otto oder Anna fragen!" Aber manchmal sind sie auch nervig, weil sie sich überall einmischen und nichts ohne sie geht. Ja, auf ihre Art machen sie einem auch Mühe. Sie sind einflussreich und lösen gelegentlich Frust und Ärger aus. Weil sie de facto Macht ausüben. Das würden sie aber auf jeden Fall verneinen. Sie wollen doch keine Macht, sie wollen doch nur helfen! Indessen stehen sie mit ihrer Art anderen eben auch im Weg, verhindern, dass andere sich ausprobieren können, in eine Aufgabe hineinwachsen können. Solche verborgene Unzufriedenheit oder Konflikte offen auszutragen ist aber schwer, weil sie eine Art unangreifbare Institution sind. „Schließlich haben sie so viel für den Betrieb/für die Gemeinde getan. Das muss man einfach anerkennen, man darf sie doch nicht verärgern." „Was wären wir ohne sie? Da muss man sie halt machen lassen!"

> „Die Anstrengungen, sich um das eigene Glücklichsein zu kümmern, werden nicht dem anderen aufgebürdet. Vielmehr ist jede Person für ihre Empfindungen, ihr Denken und Verhalten einzig und allein selbst verantwortlich."[17]
>
> Roberta M. Gilbert

Typische Merkmale im Überblick[18]

Überfunktionieren ↑	Unterfunktionieren ↓
▶ Ratschläge erteilen ▶ Dinge für andere erledigen, die sie selber tun könnten ▶ sich übermäßig um andere sorgen / sich für andere Sorgen machen ▶ sich für andere und ihre Befindlichkeit verantwortlich fühlen ▶ mehr Reden als Zuhören ▶ für andere Ziele haben, welche diese gar nicht verfolgen ▶ plötzliche, emotionale Erschöpfungszustände	▶ schnelles und häufiges um Rat bitten, wenn eigenständiges Denken gefordert wäre ▶ andere um Hilfe und Unterstützung bitten, obwohl dies realistisch betrachtet nicht notwendig wäre ▶ Verantwortung abschieben ▶ viel Zuhören und selten die eigene Meinung oder Sichtweise einbringen und vertreten ▶ entweder keine Ziele setzen oder diese dann rasch aufgeben ▶ häufig krank werden (physisch oder psychisch) ▶ Suchttendenzen

Den „Tanzboden“ verlassen

Angst-Spannung, wo sie hingehört

Das bisher Gesagte macht das Dilemma klar: Je weniger ein unterfunktionierender Mensch sich selbst vertritt und Verantwortung für sich selbst wahrnimmt, desto mehr übernimmt der überfunktionierende Teil des Beziehungssystems dessen Aufgabe und Verantwortung. Übrigens halten dabei beide Seiten die überfunktionierende Person für reifer, stabiler und gesünder als die Unterfunktionierende. Das ist ein Trugschluss, weil Überfunktionierende und Unterfunktionierende sich gegenseitig bedingen, ja brauchen – und es den einen ohne den anderen nicht gäbe.

Die Frage ist, wie entkommt man diesem Dilemma, das einem Teufelskreis gleichen kann? Wie kann man aus diesem asymmetrischen Beziehungstanz aussteigen, den „Tanzboden“ verlassen?

Als überfunktionierende Person den Tanzboden verlassen

Als überfunktionierende Person den Tanzboden verlassen zu wollen kommt in der Regel durch die Einsicht: „Ich mache mich kaputt! Es wird mir zu viel. So geht es nicht weiter.“ „Ich kann nicht mehr! Ich steige aus. Du musst sehen, wie du zurechtkommst.“ Bewusst wird es einem vielleicht durch gründliche Selbstreflexion. Oder man ist einfach müde geworden, mit den Kräften am Ende, ist krank geworden. Oder die starke Sehnsucht nach einer anderen Art zu leben hat einen erfasst – wodurch auch immer.

Grundlegend ist, den gegebenen Tanz mit seinen Bewegungen anhand konkreter Situationen zu reflektieren und von daher konkrete Übungsschritte des Aussteigens zu definieren und sich auch auf die voraussichtlich damit einhergehenden Angstspannungen einzustellen.

Unterfunktionierende sind ob solch ungewohnter Reaktionen völlig perplex. „Es lief doch alles gut! Warum ging es jetzt schief?“ Verunsichert verstehen sie die Welt nicht mehr. Das gewohnte Gleichgewicht ihres Beziehungssystems gerät völlig durcheinander. Ihr Angst-Spannungs-Pegel steigt deutlich angesichts der Herausforderung, jetzt mehr Verantwortung und Initiative übernehmen zu sollen.

Um wirksam und nachhaltig aus dem Beziehungstanz auszusteigen, stehen Überfunktionierende vor der Herausforderung, Angst-Spannung anstatt Verantwortung zu „delegieren". Die Versuchung ist, Aufgaben und Verantwortungen abzugeben, aber weiterhin sehr besorgt zu sein, ob das auch klappt, und gewissermaßen doch in Alarmbereitschaft zu bleiben, um notfalls einspringen zu können. Aufgaben abgeben ist eines, aber die Nagelprobe besteht darin, die Angst-Spannung dem zu überlassen, dem sie gehört: dem Unterfunktionierenden. Das gelingt nur, indem man lernt, die eigene Angst-Spannung zu beherrschen, auszuhalten, loszulassen. Es gilt, der Versuchung zu widerstehen, den oder die anderen in irgendeiner Weise retten zu wollen, wenn es anders läuft, als man sich das selbst vorstellt. Das bedeutet, den oder die anderen machen lassen! Und eventuell dabei zusehen, wie er oder sie es anders macht als man selbst, Fehler macht oder an der Aufgabe scheitert.

Eine heilsame, aber vielleicht nicht ganz einfache Übung für einen Überfunktionierenden kann beispielsweise darin bestehen, den „Tanzpartner" oder eine andere vertraute Person selbst um Unterstützung in der Einübung der neuen Schritte zu bitten. „Bitte sag mir, wenn ich wieder zu viel mache!"

Sich zurückzunehmen, bei sich selbst zu bleiben und dem anderen nicht nur Aufgaben und Verantwortung, sondern vor allem die entstehende Angst-Spannung zuzumuten, ist der Schlüssel, um den asymmetrischen Beziehungstanz zu beenden. Solche Schritte zu wagen heißt, selbstdifferenziertes Verhalten einzuüben.

Als unterfunktionierende Person den Tanzboden verlassen

Für eine unterfunktionierende Person kommt der Wunsch, den Tanzboden verlassen zu wollen, weniger durch akuten Leidensdruck, sondern vielleicht durch – nicht unbedingt selbstgewählte – veränderte Lebensumstände, Beziehungen, eine neue Arbeitssituation, durch eine aufkeimende Sehnsucht, durch einen wie auch immer gewirkten Wunsch nach größerer Eigenständigkeit und Selbstverantwortung. Modell steht die entwicklungspsychologisch bedingte Ablösung Jugendlicher von Eltern.

Entsprechende Schritte zu wagen bedeutet, für sich selbst zu definieren, was wie anders werden soll. Das mag damit beginnen, zu klären, was ich nicht mehr möchte und wie ich es mir wünsche. Wie kann in einer konkreten Situation meine selbstbestimmte Haltung und selbstverantwortliches Verhalten aussehen? Und wie grenze ich mich ab gegen eingeschliffene Bevormundung, den „goldenen Käfig" oder Grenzüberschreitungen? Was stärkt mein Gefühl, eigenständig zu sein, und wie handhabe ich die damit verbundene Angstspannung?

Schritte, Motivation und Kraft, den Tanzboden zu verlassen, können auch gesucht, ausgelöst und unterstützt werden durch sportlich-körperliche Bewegung und Aktivitäten, die einem ein neues Gespür für den eigenen Körper und Selbstbewusstsein vermitteln. Auch geistlich-spirituelle Erfahrungen und Übungen können hier unterstützend wirken.

Realistisch handhabbare Schritte zu wagen und mit den damit einhergehenden Angstspannungen umzugehen, erfordert Anstrengung und langen Atem. Sich dafür Unterstützung zu suchen von einer Person meines Vertrauens, aber möglichst nicht von der „Tanzpartnerin", ist kein Unterfunktionieren, sondern selbstdifferenziertes Verhalten.

Aussteigen hat seinen Preis

Grundsätzlich können beide Seiten die Initiative zur Veränderung ergreifen. Doch den Tanzboden zu verlassen geht nicht, ohne dass zunächst die Angst-Spannung – individuell wie im Beziehungssystem – wächst. Allerdings gilt auch: Erhöht sich die

Angst-Spannung bis zu einem gewissen Grad, setzt sie erst einmal kreatives Potenzial frei. Erst wenn sie überhandnimmt, blockiert sie einen Menschen (siehe Kapitel 1).

Das heißt: Nur um den Preis der Selbstbeschränkung und Selbstbeherrschung kann der Überfunktionierende dem Unterfunktionierenden den Freiraum eröffnen, den er braucht, um die eigenen Fähigkeiten zu entwickeln, eigenständiger zu werden und Verantwortung für sich selbst zu übernehmen. Und nur um den Preis zusätzlicher Anstrengungen und mit der Bereitschaft, sich „ohne Not" aus seiner bequemeren Haltung zu lösen, kann es der bis dahin unterfunktionierenden Person gelingen, mehr Eigenständigkeit zu entfalten.

Wer in diesem Sinn Schritte unternimmt, um aus dem asymmetrischen Beziehungstanz auszusteigen, riskiert Spannungen und Konflikte in der Beziehung. Es ist mit Widerstand zu rechnen. Eine anhin unterfunktionierende Person sollte nicht überrascht sein, zum Beispiel Undankbarkeit vorgeworfen zu bekommen, weil sich die überfunktionierende Person in ihrem gutmeinenden Helferdasein brüskiert fühlt. Anders herum könnte es sein, dass die aussteigende überfunktionierende Person sich beklagt, abgeschoben zu werden, und daher umso stärker „hilfsbedürftig" wird.

Insofern erfordert ein Aussteigen-Wollen durchdachtes Vorgehen und eine klare, gelassene und konsequente Kommunikation eigener Absichten, Befindlichkeiten und künftiger Verhaltensweisen. Je transparenter das geschieht, desto besser können beide Seiten sich auf die verändernde Beziehung einstellen. Rückschläge auf dem Weg sind kein Zeichen dafür, dass es nicht funktioniert, sondern nur Lernschritte.

Und hier ist der Preis, den es zu gewinnen gibt: Wenn es gelingt, gelassen und beharrlich das neue Verhalten beizubehalten, kann es entscheidend dazu beitragen, dass sich die Situation Schritt für Schritt nachhaltig entschärft und sich die Qualität der Beziehung und Gemeinschaft spürbar verbessert. Immerhin (miss)brauchen die Beteiligten einander nicht mehr, um eigene Schwachstellen zu kaschieren, sondern können einander als eigenständige und selbstverantwortliche Menschen begegnen.

Ein Blick in die Bibel

Gut gemeint und ...

Das finden wir im Buch Hiob. Hiobs Freunde besuchen ihn, als er sterbenselend in der Asche seines Lebens sitzt. Alles hat er verloren: seinen Wohlstand, seine Arbeit und Einkommen, seine Kinder, seine Gesundheit. Und zuletzt auch seine Frau, die ihn verächtlich auffordert, sein Gottvertrauen endlich aufzugeben nach all diesen Schicksalsschlägen, in denen Gott offenbar keinen Finger für ihn, den frommen Mann, rührte. Seine Freunde erscheinen, und trotz ihres anfänglichen erschütterten Schweigens angesichts Hiobs Elends können sie ihre Angst-Spannung bald nicht mehr aushalten. So fangen sie an, überfunktionierend auf Hiob einzureden. Sie meinen zu wissen, was er falsch gemacht hat und was er tun müsste, damit alles gut wird. Sie haben Ideen und Ziele, die er verfolgen müsste, und wollen nicht wahrhaben, dass all das nicht seinen Vorstellungen entspricht. Sie klagen und drohen, doch Hiob erweist sich in diesem Fall nicht als Unterfunktionierer, sondern eher als ein selbstdifferenzierter Mensch, der nicht nur seiner Frau widerspricht und seinen Freunden, sondern auch Gott. Er erweist sich als einer, der sich nicht kleinmachen lässt und nicht einfach klein beigibt, sondern der standhaft und eigenständig sich und seine Sache vertritt und Gott herausfordert, Stellung zu beziehen. Was Gott schließlich auch tut.

Im Neuen Testament wird in Lk 10,38–42 erzählt, dass Jesus mit seinen Schülern bei den Schwestern Maria und Martha zu Besuch ist. Entsprechend orientalischer Gastfreundschaft heißt das für Martha, dass die Gäste ordentlich bewirtet werden. Also schwitzt und schuftet sie in der Küche, während Maria im Wohnzimmer bei den Männern sitzt und deren theologischen Gesprächen lauscht, um – wie die anderen Schüler – von Jesus zu lernen. Je länger, je mehr löst das bei Martha Angst-Spannungen aus, denn ihrer Vorstellung nach gehört Maria in die Küche. Irgendwann platzt ihr der Kragen und sie ruft die ihrer Meinung nach unterfunktionierende Maria zur Ordnung und Mitarbeit. Das aber sieht Jesus anders. Er schaltet sich ein und lässt Martha wissen, dass Maria in seinen Augen nicht schamlos unverantwortlich handelt, sondern im Gegenteil eigenständig das Richtige getan hat.

Anmerkung: Diese Erzählung wird oft missverstanden, als ob es wichtiger sei, andächtig Jesu Worten zu lauschen, als für das Wohl anderer Menschen engagiert und hart zu arbeiten. Den Zusammenhang zu beachten hilft hier jedoch weiter und bewahrt vor falschen Schlussfolgerungen. Denn direkt vor dieser Maria-Martha-Geschichte erzählt Jesus in Lk 10,25–37 das Gleichnis vom sogenannten barmherzigen Samariter. Da sind die frommen Priester und Tempeldiener die Unterfunktionierer, weil sie auf ihrem Weg zum Gottesdienst an dem blutig geschlagenen, ausgeraubten Menschen vorbeihuschen und ihn hilflos am Wegrand seinem Schicksal überlassen. Hingegen ist der Samariter, ein für damalige Begriffe Ungläubiger und Unreiner, derjenige, der das Richtige tut. Er kümmert sich um den Halbtoten, verbindet ihm die Wunden, bringt ihn in Sicherheit und bezahlt obendrein noch die weitere Pflege aus eigener Tasche. Wenn er hier tut, was nötig ist, um einen Menschen zu retten, ist das kein Überfunktionieren, sondern angemessene Hilfeleistung. Und die ist genauso wichtig und richtig und wertvoll wie das, was Maria „zu Füßen Jesu" tut.

Kurzum, um Jesu Botschaft nicht misszuverstehen, sollten wir diese beiden Geschichten zusammenlesen und miteinander verstehen. Anders gesagt: Nicht Maria ist mit Martha zu vergleichen, sondern der Samariter ist mit Maria zu vergleichen. Und siehe da: Ihr Verhalten ergänzt sich. Weder das Hören noch das Tun ist wichtiger oder richtiger, sondern es kommt darauf an, das eine und das andere situationsgerecht zu seiner Zeit zu tun. Selbstdifferenziert zu handeln bedeutet so gesehen, zu unterscheiden, wann was dran ist, und entsprechend zu handeln.

? Überfunktionieren oder unterfunktionieren – wozu neigen Sie eher? Ändert sich das je nach Umfeld? Wie und warum?

Wozu werden Sie – in welchem Beziehungskontext – besonders stark „verführt"?

Haben Sie schon versucht, den Tanzboden zu verlassen? Wenn ja, wie? Mit welchem Resultat?

„Die Suche nach Sündenböcken ist von allen Jagdarten die einfachste."

Dwight D. Eisenhower

KAPITEL 6

SÜNDENBÖCKE UND WAS DAZU GEHÖRT

Konflikte besser bearbeiten

Darum geht es in diesem Kapitel:

- „Du bist schuld!", „Wenn der nicht wäre ..." und dergleichen mehr.
- Ausgrenzungen werden nicht von Differenzen, unterschiedlichen Interessen oder Meinungen befeuert, sondern von Angst-Spannung.
- Warum und wozu es Sündenböcke gibt und warum Kommunikation nicht alles ist.
- Was uns der Sündenbock Jesus zu sagen hat.
- Was Ihnen helfen kann, konstruktiv mit der Sündenbockdynamik umzugehen.

Die denken, sie könnten sich alles erlauben!

Sonderlich ordentlich war es in ihrer WG noch nie. Der Putzplan wurde eher als Vorschlag denn als Verpflichtung verstanden. Staubflocken, Geschirr in der Spüle, Duschen nachts um drei, Gäste, die zu viel trinken und Krach machen, Schuhe als Stolperstein im Flur... Früher waren das Kleinigkeiten, über die man hinwegsah oder die mit einem Jux aus der Welt waren. Jetzt sind es Probleme, die die Stimmung vermiesen. Sicher hatten sich Felix und Michel mitunter mal angemeckert. Aber nicht so ernsthaft. Lisa hatte dann immer für einen Lacher gesorgt und alles war gut. Seit Simon eingezogen ist und Lisa neben dem Studium noch das Kellnern angefangen hat, rumort es und Felix markiert den Boss. Jetzt ist das Fass übergelaufen. Felix und Michel giften einander nur noch an.

Neulich hat sich der Vermieter bei ihnen beschwert und angedroht, ihnen zu kündigen, wenn die Mietzahlungen nicht pünktlich kommen und sie die Treppenhausreinigung nicht endlich ordentlich erledigen. Dafür ist Michel verantwortlich, der schon am längsten hier wohnt.

Mittlerweile scheint es normal zu sein, immer auf ihn loszugehen, wenn was nicht klappt. Nicht nur wegen der Mietzahlungen. Aber Michel findet das ungerecht. Was kann er denn dafür, wenn die anderen immer den Putztag im Treppenhaus vergessen. Kürzlich hat er die Aufgaben aufgelistet und führt jetzt auf dem Schwarzen Brett in der Küche eine Strichliste, wer was macht. Dafür erntet er allerdings eher dumme Sprüche als Engagement. Die Miete kann er nicht überweisen, wenn Felix seinen Anteil irgendwann oder nur teilweise einbezahlt. Mit fast zwei Monatsraten ist er im Verzug! Michel hat sich darüber schon beschwert, aber entweder stellt Felix die Ohren auf Durchzug oder reagiert süffisant: „Alles zu seiner Zeit!“

Zu sehen, wie Michel herumschlurft und die Probleme wälzt, regt Felix auf. Das lässt er ihn spüren. Michel möchte keinen

Stress. Er möchte es lieber allen recht machen, aber langsam geht ihm die WG auf den Keks. Auch die zuckersüße oder schnippische Art von Lisa, mit der sie ihn immer einwickelt oder auflaufen lässt. Obwohl er jedes Mal klaglos ihre Computerprobleme löst und – nicht ganz so klaglos – ihre Haare aus dem Abfluss entfernt. Sie meint es ja nicht böse, sie ist halt einfach so: Ein aufgekratzter bunter Vogel. Simon versucht sich rauszuhalten. Er findet, dass Michel schon ein Miesepeter ist, obwohl er einem irgendwie auch ein bisschen leidtun kann. Zugegeben, ohne dessen Einkaufen würde manchmal nur Vergammeltes im Kühlschrank liegen. Aber er stimmt den anderen zu: ohne Michel wären sie eine coole WG.

Du bist schuld

Wo Menschen sind, passieren bekanntlich Fehler. Normalerweise reicht ein aufrichtiges „Tut mir leid" und die Sache ist vergessen. Ist die Ursache klar und eindeutig, lässt sich das leicht konstruktiv handhaben und die mobilisierte Angst-Spannung beruhigt sich binnen Kurzem. Vorwürfe und Schuldzuweisungen verstummen bald. Anders läuft es, wenn die Ursachen komplex und Verantwortlichkeiten diffus sind. Dann schwillt die Angst-Spannung im Beziehungsnetz an. Je massiver das geschieht, umso intensiver werden Schuldige gesucht, gefunden und ausgegrenzt.

Wer sich so schuldzuweisend verhält, geht davon aus, dass die bedrängende oder schmerzhafte Angst-Spannung verschwindet, wenn man „weiß", wer für das Problem verantwortlich ist. Damit ist auch „klar", wer die Angst-Spannung verursacht. Und alle sind sich sicher, selbst nichts damit zu tun zu haben. Angstgespannt wie man ist, kann man von daher „zu Recht" fortwährend nörgeln, beschuldigen, Vorhaltungen und Vorwürfe machen, destruktive Kritik üben.

Es wird auch Mobbing genannt

In heillosen Dreiecksverbindungen wird jemand die Außenseiterrolle zugeschrieben. Je weniger mit der Person geredet wird, desto mehr wird über sie geredet, schlecht geredet oder verleumderisch geredet. Auf diese Weise entsteht ein Wir-Gefühl und die eigene Angst-Spannung lässt nach. Es kann zu Distanzierungen oder Beziehungsabbrüchen kommen. Mobbing funktioniert so. Woanders ist es das schwarze Schaf der Familie oder der Sündenbock. Doch die im „Wir-Gefühl" gewonnene Stärke trügt. Sie mobilisiert zwar viel Energie, ist aber doch eine Scheinstärke, die fragil und bedroht bleibt. Sie kann nur aufrechterhalten werden, indem man die ausgegrenzte Person oder Gruppe verunglimpft, demütigt, entmenschlicht, kleinzuhalten oder zu beseitigen versucht.

> „Einer Person oder Gruppe Vorwürfe zu machen und die Schuld für etwas zu geben bedeutet, sich selbst für machtlos und die beschuldigte Person oder Gruppe für übermächtig zu halten. Er oder sie beherrscht angeblich das Geschehen. Allerdings haben jene eher selten das Gefühl, mächtig oder einflussreich zu sein. Denn in der Regel ist sie ja die Person (oder Gruppe), in deren Händen die ‚heiße Kartoffel' liegen bleibt, da sie keinen Weg sieht, diese wieder loszuwerden. Damit erleben sich im Endeffekt alle Beteiligten als machtlos."[19]
>
> Jeffrey A. Miller

Exkurs: Kommunikation ist nicht alles

Wenn zwei Menschen oder eine Gruppe miteinander einen Konflikt haben und verärgert aufeinander reagieren, wird es oft persönlich! Das heißt: Was gesagt und getan wird, wird persönlich genommen. Vorwürfe, Beschuldigungen, Unterstellungen, Androhungen oder auch Schweigen sind üblich. Dann mag die Idee aufkommen, dass man das Problem lösen könnte, würde man nur besser kommunizieren – wenn es gelänge, sich besser zu verstehen, die unterschiedlichen Meinungen und Interessen auszutragen oder Bedürfnissen Rechnung zu tragen.

Die einen mögen sich dabei ein engagiertes konfrontatives Gespräch vorstellen. Andere wünschten sich eher einen besonnenen schonenden Meinungsaustausch. Sofern es sich aber nicht um einen schlichten Sachkonflikt handelt, wird auch gute Kommunikation nicht die Lösung des Problems bringen. Warum? Weil die im Beziehungssystem vorhandene (chronische) Angst-Spannung sich an den direkt konfliktbeteiligten Kontrahenten entlädt. Bildlich gesprochen: Der Boden der Beziehung wird erschüttert, Spalten und Risse brechen auf, aus denen die Lava der Angst-Spannung herausströmt.

Womöglich hört man von den Beteiligten auch so etwas wie: „Eigentlich habe ich gar nichts gegen Michel! Wenn er nur nicht ...!“ Derartiges kann darauf hinweisen, dass es im Grunde weniger um einen zwischenmenschlichen Konflikt oder um einen einzelnen Vorfall geht als vielmehr um eine systemisch bedingte Angst-Spannung.

So gesehen ist zweifellos die Art, wie man miteinander spricht, ein wesentlicher Aspekt, wenn es um konstruktive Konfliktbearbeitung geht.

Hier in Kurzfassung ein paar Hinweise, was mittlerweile zum Allgemeinwissen in Sachen „konstruktiv miteinander reden“ gehört.

Zu den klassischen Kommunikationsregeln gehören:

- „Aktiv zuhören“, also: hören und verstehen wollen, Blickkontakt halten, zustimmen, nachfragen, ausreden lassen, Zuhören nonverbal ausdrücken, je nachdem Kernaussagen in eigenen Worten wiederholen („Habe ich dich richtig verstanden ...?“) und eigene Meinungsäußerung zurückhalten, bis der andere sich verstanden fühlt.

- In „Ich-Botschaften" sprechen.
- „Du-Botschaften" verallgemeinern und bringen das Gegenüber in den Verteidigungsmodus.

Laut Thomas Gordon besteht eine Ich-Botschaft in einer sachlichen Aussage, was der Sprecher/die Sprecherin im Moment fühlt oder ihm/ihr wichtig ist.[20]

Gewaltfreie Kommunikation sagt, dass Ich-Botschaften vier Aspekte beinhalten: a) eine persönliche Beobachtung, b) das situationsbedingte eigene Gefühl, c) das persönliche Bedürfnis und d) eine Bitte, die an das Gegenüber gerichtet ist.[21]

Vom Senden mit „vier Schnäbeln", die beim Empfänger auf „vier Ohren" treffen, spricht Schulz von Thun und sieht beide für die Qualität der Kommunikation verantwortlich. Kommunikation besteht im Senden und Empfangen von Äußerungen, die vier Botschaften gleichzeitig in sich tragen:[22]

- eine Sachinformation (worüber ich informiere),
- eine Selbstkundgabe (was ich von mir zu erkennen gebe),
- einen Beziehungshinweis (was ich von dir halte und wie ich zu dir stehe),
- einen Appell (was ich bei dir erreichen möchte).

Wie gesagt: Grundlegende Kommunikationsregeln zu beachten ist ein wichtiges Element und dazu sind diverse Modelle entwickelt worden. Doch Kommunikation ist nicht alles.

Der Sündenbock als emotionales Dreieck

Frank war ein angepasstes Kind. Mit elf Jahren begannen die Probleme. Schulversagen, falsche Freunde, Aufsässigkeit, Ladendiebstahl. Weder Strafen noch Verbote nutzten. Er forderte die Eltern bis aufs Letzte heraus. Sie versuchten alles Mögliche. Pädagogische

Ratschläge. Ärztliche Beratung. Was könnte helfen, damit er sich ändert und wieder „normal" wird? Erziehungsberatung war dringend angesagt. Daraus wurde Familientherapie und schließlich Eheberatung. Auf diesem Weg wurde den Eltern deutlich, dass ihr „schwarzes Schaf", um das sie sich so sehr kümmern mussten, im Grunde ihre Ehe zusammenhielt. Ihr Kind mit all seinen Symptomen hatte ihnen jahrelang ermöglicht, ihre eigene gestörte Beziehung als Ehepaar nicht wahrzunehmen und sich den Problemen, die sie miteinander hatten, nicht zu stellen.

Dieses Beispiel würde wohl kaum jemand unter das Stichwort „Sündenbock" einordnen. Richtig so! Immerhin geht es hier um eine tragische und für alle Beteiligten schmerzvolle Lebenserfahrung und -geschichte. Einer solchen haben wir mit Mitgefühl und Einsicht statt mit Schuldzuweisungen oder moralischer Überheblichkeit zu begegnen. Trotzdem steht sie hier im Sündenbock-Kapitel. Weil sie eine Dynamik aufzeigt, die wir auch im Sündenbockphänomen wiederfinden. Dem zugrunde liegt das Muster von emotionalen Dreiecksverbindungen (siehe Kapitel 4).

> „Wenn im emotionalen System einer Familie ein ungelöstes Problem in einer Person verortet und durch eine Diagnose fixiert wird, dann erlaubt dies dem Rest der Familie, sich ‚reinzuwaschen'. Die Ursache des familiären ‚Unwohlseins' wird dann in der Krankheit des offiziellen Patienten gesehen. Indem man sich auf ein Mitglied konzentriert, kann die Familie ... die tatsächlichen Probleme verleugnen, die dazu führten, dass ein Mitglied überhaupt Symptome entwickelte ..."[23]
>
> Edwin Friedman

Angst-Spannung schafft Sündenböcke

Was Friedman in obigem Zitat beschreibt, gilt nicht nur für eine Familie, sondern genauso für alle anderen Formen von gesellschaftlichen Gruppen und Beziehungssystemen. Ein ungelöstes

Problem bedroht und stört erheblich das eigene Wohlergehen. Die geschilderte systemische Entwicklung beschreibt der Psychotherapeut Murray Bowen als Verschiebungsprozess und bezeichnet das Sündenbockphänomen als Projektionsmechanismus.

Die Ursache liegt oft gar nicht in einem persönlichen Konflikt zwischen ein paar Menschen oder irgendwelchen schwierigen persönlichen Beziehungen innerhalb einer Gruppe. Die zutage tretende Angst-Spannung speist sich vielmehr aus äußeren Bedingungen, Umständen, Ereignissen beziehungsweise aus tatsächlichen oder vermeintlichen Missständen. Die Beteiligten sehen sich Druck, Aggression oder Ungerechtigkeit ausgeliefert, die in den Bedingungen ihres Umfelds liegen.

Der WG von Michel, Felix, Lisa und Simon fehlen klare Absprachen und Regeln auf der Basis von gemeinsam definierten Interessen, was Michel zum Sündenbock macht, weil er sich für alles verantwortlich fühlt. Der Vorstand der Kirchengemeinde arbeitet sich an undurchschaubaren Sachverhalten in den Finanzen und unklaren Verantwortungsbereichen ab, was den Pfarrer in seiner etwas chaotischen Art zum Sündenbock macht. Das Projektteam hat mit widersprüchlichen Vorgaben und mangelnden Kompetenzen durch ihre beiden uneinigen Vorgesetzten zu kämpfen, die aber selbst unter extremem hierarchisch ausgeübtem Konformitätsdruck stehen. Das macht deren leicht zickig auftretende Assistentin Franzi zum Sündenbock.

- Wer anderen Vorwürfe macht und die Schuld gibt, erklärt damit sich selbst für machtlos und die beschuldigte Person oder Gruppe für übermächtig.

Menschen möchten im Allgemeinen selbst über ihr Leben bestimmen. Wenn aber bedeutende negative Ereignisse unerklärbar bleiben, weil sie durch diffuse, chaotische und unbekannte Faktoren bedingt sind, dient das Beschuldigen eines Sündenbocks dem Bedürfnis, die Kontrolle über das eigene Leben zu erhalten oder wiederzugewinnen. Gleichzeitig bedeutet dies aber auch, ein mächtiges Feindbild zu konstruieren und diesem Feindbild übertriebenen negativen Einfluss auf das eigene Leben zuzuschreiben. Ein Aspekt, der oft unbewusst bleibt, aber das Aggressionspotenzial des Sündenbockmechanismusses anstachelt.[24]

Die Angst-Spannung besteht in einem tief empfundenen Gefühl von Verunsicherung und Bedrohung, dem man sich mehr oder weniger ohnmächtig ausgeliefert sieht. Unheil wird befürchtet oder erlebt. Beispielsweise die eigene Sicherheit, Selbstsicherheit, Freiheit, das Zugehörigkeitsgefühl, Selbstwertgefühl und Gruppenwertgefühl scheinen oder sind bedroht. Je nachdem können auch Gefühle der Schuld über ein selbstverschuldetes negatives Ereignis dazugehören, das man abschwächen und loswerden möchte, ohne sich der eigenen Verantwortung zu stellen.

Die Ursachen dafür mögen tatsächlich außerhalb der eigenen Verantwortung liegen oder auch nicht. Oder es ist, wie so oft, eine Mischung aus beidem. So oder so: Die maßgeblichen Ursachen mögen verborgen, unklar, unüberschaubar, verdrängt oder zu beängstigend sein. Daher sucht die aufgebrochene Angst-Spannung ihre Entlastung darin, das eigene Opfer-Empfinden auf eine andere Person (oder Gruppe) zu verschieben und sie zum Brennpunkt der Ereignisse zu machen. Ihr wird die Verantwortung übertragen für die ganze Krise. So wird die Person oder Gruppe zum Problem erklärt. Entsprechende aggressive Erklärungen und Begründungen werden gesucht, gefunden oder auch unterstellt, um den Sündenbock schuldig sprechen, verurteilen und bestrafen zu können.

Mit dem Ausgrenzen anderer, mit dem „Zum-Sündenbock-Machen“, erklärt man zugleich die eigenen moralischen Werte und Vorstellungen als überlegen und maßgebend für ein „richtiges“ Leben, ein „richtiges“ Team, eine „richtige“ Gemeinde, eine „richtige“ Gesellschaft.

Die Sündenbockdynamik entwickelt ihre volle Wucht, wenn sich mehrere Personen das Empfinden des Verunsichert- oder Bedrohtseins teilen, sich miteinander verbünden und daraus Gruppendruck entsteht.

> „Ist das unglückliche Opfer einmal vollständig isoliert, seiner Verteidiger beraubt, kann es nichts mehr vor der entfesselten Menge schützen. ... Das Opfer nimmt also tatsächlich die Stelle all jener ein, die noch kurz zuvor in unzähligen hier und dort verstreuten Ärgernissen aneinandergeraten waren und die nun alle gegen diese eine Zielscheibe versammelt sind. ... ist das Opfer einmal vernichtet... empfindet diese Gemeinschaft weder Hass noch Ressentiment gegen wen auch immer, sie erfährt sich von all ihren Spannungen, Spaltungen und Brüchen gereinigt."[25]
>
> René Girard

Wen schicken wir in die Wüste?

Ob Schulklassen, Arbeitsteam, Vereine, Cliquen, Mietparteien genauso wie Familien, Kirchengemeinden oder andere soziale Gruppen in der Gesellschaft – jede Gruppe, jedes Beziehungsnetz, jede Gesellschaft kann „Außenseiter im Beziehungsdreieck" hervorbringen. Sie werden ausgegrenzt als Einzelne oder Gruppe wie beispielsweise „Juden", „Ausländer", „Flüchtlinge", „Schwarze", „Asoziale", „Politiker", „Kapitalisten", „Kommunisten" etc.

„Angst-Spannung richtet sich oft auf die Person mit größter Verantwortung, in herausgehobener Stellung oder auf das ‚schwächste Glied' im System", sagt der Organisationsberater Richard Blackburn.[26] Für die Personengruppe mit größerer Verantwortung oder herausgehobener Stellung liefert uns der Umgang mit Fußballtrainern anschauliche Beispiele. Spielt die Mannschaft über einige Zeit unter dem erwarteten und geforderten Niveau, baut sich massive Angst-Spannung auf. Die führt früher oder später zur Entlassung des Trainers. Weil aber jeder im Profisport das Spiel kennt, ist hier eher selten von Sündenböcken die Rede. Dabei ist es genau diese Dynamik, die hier manchmal sogar einen kurzfristigen Erfolg herbeiführt. Nicht so spielerisch harmlos läuft es bei anderen Menschen in Leitungsfunktionen, wie Vorsitzenden, Teamleitern, Pastoren, Politikern. Nicht selten trifft es Menschen, die in besonderer Weise begabt, engagiert, leistungsfähig oder auch überfunktionierend sind. Als schwächstes Glied im System könnte ein Mensch oder eine Gruppe von Menschen ausgemacht werden, die der Mehrheit nicht entsprechen oder fremd sind – also zum Beispiel Menschen mit Behinderung, einer anderen Hautfarbe, Herkunft, Bildung oder sozialem Status. Mag sein, dass es auch andere, vom Mainstream abweichende Persönlichkeitsmerkmale sind, an denen sich die Ausgrenzung festmacht.

„Gute Chancen, als Sündenbock ausgewählt zu werden, haben … diejenigen Personengruppen, welche von der frustrierten Volksgruppe als kompetent und mit hohem Status ausgestattet gesehen werden, gleichzeitig jedoch als Konkurrenten verstanden werden", hält Lukas Lengersdorff in einem Aufsatz über sozialpsychologische Erklärungen zum Phänomen des Sündenbock-Denkens fest.[27]

> „Ganze Bevölkerungsgruppen können zu Sündenböcken werden. Beispielsweise erklärten die Römer die frühen Christen zu Sündenböcken – und damit für schuldig an Dürren und Vieh-Epidemien. Zur Strafe und zur Beruhigung der anderen wurden die Christen in die Arenen getrieben. Später taten Christen das Gleiche mit Juden. Wenn irgendwo in Europa Seuchen ausbrachen, wenn Not herrschte, dann mussten dafür oft Juden als Sündenböcke herhalten. Sie waren irgendwie anders, gebildeter, eine eigene Gemeinschaft. Man konnte sie an ihrem Namen und an ihrem Glauben erkennen. Sie waren eine Minderheit und konnten sich kaum wehren. Damit erfüllten sie alle Kriterien, die sich eine Mehrheit für ihre Sündenböcke wünscht."[28]

Warum kann die Ausgrenzung zum Sündenbock verfangen? Das hat zum einen mit bestehenden Machtverhältnissen zu tun. Sie ermöglichen in bestimmten Organisationen oder gesellschaftlichen Verhältnissen den Betreffenden nicht, sich wirksam abzugrenzen, zu wehren, zu behaupten. Zum anderen spielt aber auch eine sehr entscheidende Rolle, dass die zum Sündenbock „auserwählten" Menschen emotional leicht angreifbar sind, weil sie – aus welchen Gründen auch immer – ein hohes Maß an (chronischer) Angst-Spannung in sich tragen. Menschen, die selbst viel chronische Angst-Spannung in sich tragen, ziehen oft Angst-Spannung anderer auf sich und werden leicht zu Sündenböcken. Sensibel nehmen sie Angst-Spannung in ihrem Umfeld wahr und reagieren darauf. Sie absorbieren quasi die Angst-Spannung und können sich davon nur schwer abgrenzen und gut für sich sorgen.

Merkmale solcher Angst-Spannung haben wir in den vorigen Kapiteln betrachtet. Sündenböcke sind nicht für ihre Rolle, in die sie geraten, verantwortlich, auch wenn das von Menschen, die ausgrenzen, leicht so dargestellt wird, als ob diese selbst schuld seien. Doch ist es unübersehbar, dass jemand, der mit hoher Reaktivität reagiert, tendenziell weitere Angst-Spannungs-Reaktionen von andern auf sich zieht und der Verschiebung der Angst-Spannung wenig Abwehrkraft in Form von selbstdifferenziertem Verhalten entgegenzusetzen hat.

Übrigens, nicht selten kommt es in der Beziehungsdynamik unter der Rollenverteilung von Unter- und Überfunktionieren dazu, dass jemand der Sündenbockperson beispringt, um sie in Schutz zu nehmen und zu helfen. Doch verhindert das die Zuspitzung des Beziehungsdramas eher nicht, solange dies auf reaktive Weise aus Angst-Spannung geschieht (siehe dazu auch Kapitel 2).

Der Sündenbock hat Stellvertreterfunktion

Ist er erst einmal identifiziert, erübrigt es sich, sich Gedanken über den eigenen Anteil an der Situation zu machen. Der Blitzableiter ist gefunden und lenkt von den wirklichen, aber unter der Oberfläche schwelenden Problemen und Konfliktursachen ab.

Die würden einen differenzierten Blick erfordern, doch der Fokus richtet sich allein auf „das Problem“: Dieser Mensch (oder diese Gruppe)! Der ist (oder die sind) an allem schuld! Damit rettet der Sündenbock sozusagen die Gruppe, die sich gegen ihn verbündet und ihm alles auflädt, was schiefläuft.

Je deutlicher die Sündenbockperson oder -gruppe als untragbarer Fall gesehen wird, desto weniger nehmen die Beteiligten die eigene Angst-Spannung und die eigene Verantwortung wahr. Zudem entsteht über kurz oder lang der Mythos, dass alles gut und problemlos war, bis diese Person aufgetaucht ist.

Das Problem scheint jetzt nur lösbar, indem man die Person oder Gruppe loswird. Der klassische Sündenbock wird „in die Wüste geschickt“, also aus der Gemeinschaft ausgeschlossen. Auf diese Weise erlöst er die Gruppe zwar nicht von irgendwelchen zu bekämpfenden realen oder vermeintlichen Missständen, aber von ihren Angst-Spannungen. Das Beziehungssystem beruhigt sich. Die Angst-Spannung flaut ab. Jedoch nur bis zum nächsten Mal!

Da die tatsächlichen Ursachen in diesem Verschiebungsprozess allerding unerkannt und unbearbeitet bleiben, wird das eigentliche Problem nicht wirklich gelöst. Den Sündenbock zu opfern reduziert nur vorübergehend die vorhandene (chronische) Angst-Spannung. Sie droht früher oder später wieder aufzubrechen. Dann mögen sich die Beteiligten wundern, dass da schon wieder „so ein unmöglicher Typ“ ist. Wieder ist da jemand, der „unfähig ist“, „nur Mist baut“, mit dem man nicht zurechtkommt. Das vorige schwarze Schaf oder der in die Wüste geschickte Sündenbock lassen grüßen. Anders gesagt: Die Beziehungsdynamik droht sich zu wiederholen und erneut einen Sündenbock zu finden und zu opfern.

Das bedeutet auch: Häufige Beziehungsabbrüche in Familien oder in persönlichen Beziehungen, auffallend viele Personalwechsel in einem Betrieb oder einer Organisation, hohe Fluktuation in einer Gruppe, einem Verein oder einer Kirchengemeinde deuten auf das Vorhandensein von hoher chronischer Angst-Spannung im System, selbst wenn es nicht zu offen ausgetragenen Konflikten kommt.

Was hilft?

Die Sündenbock-Rolle verstehen

Es geht darum, den Konflikt, der mit der Sündenbockrolle verbunden ist, nicht persönlich zu nehmen. Also Abstand zu nehmen von der Idee, dass es sich hier um das Problem von persönlichen Beziehungen handelt. Oder von Fehlern und Missständen, für die „ganz allein der“ oder „die“ Verantwortung trägt. Zugegeben, es ist einfacher gesagt als getan! Denn man hat ja das unausstehliche oder abscheuliche Verhalten des oder der anderen vor Augen.

Genau deshalb ist es entscheidend zu verstehen: Es handelt sich um eine Rolle, die dem Sündenbock zugeschrieben worden ist und die er oder sie einnimmt. Er oder sie dient anderen dazu, die eigentlichen Ursachen nicht wahrnehmen zu müssen. Hohe Angst-Spannung – bei allen beteiligten Personen – schränken die Wahrnehmungsfähigkeit und ein reflektiertes differenziertes Handeln ein. Solange also Personen als Ursache gesehen und ausgrenzend behandelt werden, wird es keine konstruktive Lösung geben – höchstens Eskalation bis zum Beziehungsabbruch.

Konstruktiven Umgang mit Angst-Spannung üben

Auf welcher Seite finde ich mich wieder? Bin ich dabei, jemanden zum Sündenbock zu machen? Oder sind andere dabei, mich zum Sündenbock zu machen? Notwendig – ganz im Wortsinn von „Not-wendend“ – ist, mit der eigenen Angst-Spannung konstruktiv umzugehen. Um aus der Sündenbock-Dynamik auszusteigen, muss ich der Frage nachgehen: Was hilft mir, meine Angst-Spannung auszuhalten und anzuschauen und zu verstehen, welche meiner Bedürfnisse frustriert sind, was mich verunsichert und worin ich mich bedroht erlebe?

Was hilft mir, innerlich Abstand zu gewinnen? Vielleicht auch zeitweiser Abstand durch bewusste Abwesenheit. Was hilft mir, zur Ruhe zu kommen? Was hilft mir, meine Gedanken zu ordnen – klar zu denken? Wer hilft mir, die Dreiecksverbindungen zu entlarven, die in unserem System Amok laufen und die Sündenbock-Dynamik befeuern? Wer oder was hilft mir, die Dinge von einem anderen Standpunkt aus zu betrachten? Meine Rolle neu zu definieren und zu überlegen, wie ich mich in den typischen Situationen konkret anders verhalten kann – und zwar, so, dass ich aus den Dreiecksfallen aussteigen kann oder gar nicht erst einsteige.

Es gibt kein Rezept, kein Fünf-Schritte-Programm. Der Weg muss individuell und situationsbezogen gefunden werden. Unerlässlich ist nur die persönliche Entscheidung, einen Weg aus dem Teufelskreis zu suchen und selbst Verantwortung zu übernehmen. Dabei hilft es, jemanden außerhalb des Beziehungssystems zu suchen und zu finden, mit dem ich vertraulich reden kann. Eine Person, die mir Fragen stellen kann – nicht weil sie neugierig ist und den letzten Klatsch hören möchte – oder weil sie mir sowieso Recht gibt und mich bedauert. Sondern weil es eine Person ist, die mich hineinnimmt in ihren eigenen Abstand zum Geschehen und mir hilft, eine differenzierte Sichtweise zu gewinnen und persönliche Verhaltensalternativen zu finden. Übrigens, um zur Ruhe zu kommen, um Abstand zu gewinnen, können auch Entspannungstechniken, Meditation und Gebet, die zur Stille führen und zur Zwiesprache mit Gott, äußerst hilfreich sein.

Und noch etwas sei an dieser Stelle festgehalten. Taucht das Sündenbockphänomen im persönlichen Umfeld auf, ist die Herausforderung und Möglichkeit eindeutiger, direkt darauf zu reagieren. Spielt es sich hingegen im größeren gesellschaftlichen Kontext ab, stellt sich die Frage, wie hier verantwortliches Verhalten aussieht. Um es biblisch auszudrücken: Die Aufgabe besteht, das Böse zu entlarven. Wie das geschehen kann und wie Sie daran mitwirken können, ist ein eigenes Thema. Hier finden Sie ein praktisches Beispiel dafür, das in einer Radiosendung zu hören war.[29]

Wohnungsnot und Sündenbock

Auf dem Weg von der Arbeit nach Hause im Bahnhof hört Marion ein Gespräch mit. Ein Mann und eine Frau unterhalten sich. Der Mann sagt: „Jeden Tag bin ich zwei Stunden unterwegs, weil ich in der Nähe einfach keine Wohnung finde, die ich bezahlen kann. Dabei arbeite ich jeden Tag. Aber von dem Gehalt kann ich die Mieten nicht mehr bezahlen." Die Frau ergänzt: „Aber die Asylanten, die leben im Hotel. Die kriegen alles. Und wir bleiben auf der Strecke." Der Mann nickt beifällig.

Marion hört das und überlegt. Ja, Wohnungsnot in den Städten – das ist ein schlimmes Problem. Das hört sie oft. Viele Menschen sind betroffen und darüber wirklich verzweifelt. Denn aus eigener Kraft können sie sich aus dieser Notlage kaum befreien. Wer ist daran schuld? Das muss man fragen. Es gibt dafür etliche Antworten – zum Beispiel: Das Baurecht ist zu kompliziert und Bauen ist zu teuer geworden. Oder verfehlte Politik, die jahrzehntelang den sozialen Wohnungsbau vernachlässigt hat. Oder Eigentümer, die Wohnungen bewusst leer stehen lassen. Oder Menschen, die ganz alleine in viel zu großen Häusern leben. Aber mit all denen möchte man sich lieber nicht anlegen. Oder man gehört sogar selbst dazu. Da sucht man sich lieber andere Schuldige. Dabei bringen Leute ausgerechnet die ins Spiel, die für sich am wenigsten Raum bekommen: Flüchtlinge leben zu mehreren in einem Zimmer. Oft in Containern oder ehedem, weil marode, leer stehenden Häusern. Ausgerechnet die sollen schuld sein an der Wohnungsnot?

Marion mischt sich in das Gespräch ein und fragt: „Seit wann gibt es die Wohnungsnot in Deutschland?" Der Mann und die Frau überlegen kurz: „Bestimmt seit 20 Jahren." Marion erwidert: „Aber die vielen Flüchtlinge sind doch erst 2015 gekommen – also viel später." Für einen Moment sind der Mann und die Frau verblüfft. Dann knurrt der Mann: „Aber sie haben das Problem viel schlimmer gemacht." Marion entgegnet: „Wollen Sie da wohnen, wo bei uns die Flüchtlinge wohnen?" „Nein", sagt die Frau schnell. „Da draußen will niemand wohnen." Marion antwortet: „Nur ein Vorschlag: Richten Sie doch Ihren Ärger über die Wohnungsnot dorthin, wo die Verantwortlichen sitzen; die haben es versäumt, Wohnungen zu bauen. Wäre das nicht passender, als auf Menschen zu schimpfen, die dafür garantiert nichts können?"

Ein Blick in die Bibel

Das Ende des Sündenbocks

Die biblische Geschichte vom Propheten Jona erzählt, dass der vor seinem Prophetenjob Davongelaufene als Sündenbock im Bauch eines Fisches landet. Als das Schiff, mit dem Jona unterwegs ist, in einen lebensgefährlichen Sturm gerät, fragen die Seeleute „Wer ist daran schuld, wer bringt dem Schiff und uns so viel Unglück?" Alle Seeleute damals – und auch später noch – taten genau das bei einer langen Flaute oder in einem heftigen Sturm. Jona sagt zu den Seeleuten: „Ich bin es, der dem Schiff Unglück bringt." Sie wollen ihn zunächst nicht opfern. Aber schließlich sehen sie keinen Ausweg mehr und werfen ihn doch über Bord. Daraufhin beruhigt sich das Meer, die Seeleute sind in Sicherheit. Und Jona wird von einem Fisch verschluckt. In dessen Bauch überlebt er und besinnt sich. Wieder ausgespuckt, gelangt er an Land und geht zurück, um seinen Job zu machen.

In allen Mythen und archaischen Religionen hat das Opfer immer unrecht, während seine Verfolger immer recht haben. Das Opfer ist immer schuldig und die, die ihm Gewalt antun, sind unschuldig! Die Idee dahinter lautet: Gewalt erlöst! Das ist die Logik der Gewalt. So wird Gewaltanwendung gerechtfertigt. Dem entspricht in gewisser Hinsicht auch die biblische Erzählung über

Jona. Allerdings erzählt die Bibel noch eine andere Geschichte, die diese Sündenbock- und Opferlogik auf einzigartige Weise auf den Kopf stellt. Sie erzählt in ihren vielen gewalttätigen Szenen nicht, dass Gewalt erlösend wirkt. Vielmehr führt sie vor Augen, dass Gewalt zerstört. Das erzählt sie am deutlichsten in Jesus. Er wird zum Sündenbock gemacht, weil er den Menschen vor Augen führt, wie ausgrenzend, ungerecht und damit gewalttätig sie sich verhalten. Anders gesagt: Die Barmherzigkeit und Zuwendung zu den Ausgegrenzten, sein Heilen, Vergeben und seine Gewaltfreiheit lassen das ausgrenzende gewalttätige Verhalten seiner Gegner nur umso krasser erscheinen. Deutlicher kann man nicht zeigen, was Sünde ist und wie sie wirkt. Insbesondere sichtbar wird dies, indem er, unschuldig wie er ist, aus freien Stücken heraus die Rolle des Sündenbocks annimmt. Wer so lebt und Menschen liebt, wie nur Gott Menschen lieben kann, und deshalb auf Gewalt verzichtet wie er, muss damit rechnen, aus dem Weg geräumt und hingerichtet zu werden. Von den Menschen – nicht von Gott. Denn Gott verabscheut Menschenopfer. Mit Jesus wird der herrschende Mythos zerstört, dass Gewalt erlöst. Gewalt ist Sünde, denn sie zerstört die Menschen und die Welt. Doch auch das gehört zur biblischen Botschaft: Die Auferweckung Jesu sagt: Jesus hatte recht – und Gottes Liebe erlöst. Der schafft neues Leben.

Der Religionsphilosoph René Girard sieht in der Bibel den einzigen religiösen Text, der die Unschuld des Opfers anerkennt und uns damit die Möglichkeit nimmt, Konflikte mit Gewalt zu lösen. Girard ist überzeugt: „Wenn Sie innerhalb einer nichtgewalttätigen Religion leben, müssen Sie auf Gewalt verzichten, und zwar freiwillig, was sehr viel schwieriger ist. Je weniger unsere Institutionen auf Gewalt beruhen, desto weniger scheinen sie uns vor unserer eigenen Gewalt zu beschützen. Das heißt, wir können uns nur noch selbst anklagen: Die Gewalt, die wir ausüben, ist unsere Gewalt. Und von nichts anderem spricht das Christentum. Es entlastet uns nicht. Es spricht über die Ursünde der Gewalt und unsere gegenwärtigen Sünden. Natürlich scheitern wir immer wieder an der Gewalt, aber deshalb brauchen wir das Christentum ja. Das Christentum ist ein unvermeidliches Wagnis und ersetzt den Sündenbock der archaischen Religion. Es ist ein Ersatz des Ersatzes.“[30]

? Welche Gefühle verleiten Sie zu Beschuldigungen, Vorwürfen und ausgrenzendem Verhalten? (Achtung: Gefühle sind nicht Taten oder Verhaltensweisen anderer, sondern meine innersten Empfindungen und wie es mir geht.)

Wo beobachten und erleben Sie in Ihrem Umfeld Beschuldigungen und Ausgrenzungen – in welcher Form und Intensität?

Welche tiefer liegenden Ursachen werden Ihnen bewusst?

Was können Sie tun und dazu beitragen, die Sündenbockdynamik aufzulösen und tiefer liegende Ursachen transparent zu machen und zu bearbeiten?

Warum gelten Jesu Barmherzigkeit, Liebe und Vergebung als Maßstab christlichen Lebens und Verhaltens – seine Gewaltfreiheit hingegen eher weniger?

„Kleine Schritte sind besser als große Sprüche."

Willy Brandt

KAPITEL 7

HIER STEHE ICH

Wie Selbstführung das Beziehungssystem verändern kann

Darum geht es in diesem Kapitel:

- Was ein Mobile mit unseren Beziehungen zu tun hat
- Was emotionales Selbstmanagement bedeutet und worauf es dabei ankommt
- Wie selbstdifferenziertes Handeln Veränderungen und Gegenreaktionen bewirken kann
- Wie Jesus besonnene Präsenz gelebt hat
- Welche Ressourcen Sie haben, um sich selbstdifferenziert zu verhalten

Verpackungsfrei angepackt

Nach langer Vorarbeit und Gründung des Vereins „Plastikfrei einkaufen“ haben sie vor eineinhalb Jahren einen kooperativ organisierten Unverpackt-Laden eröffnet. Nicole und Claudia sind dort mehr oder weniger vollzeitlich engagiert. Peter ist teilzeitig dabei und auch im Vorstand des Vereins. Zum Ladenteam gehören noch Florian und Julia auf Stundenbasis. Manchmal helfen auch noch andere Vereinsmitglieder mit.

Zu Nicoles Aufgaben gehört der Wareneinkauf. Claudia ist stark mit Kunden im Gespräch und kommt immer wieder mit Ideen für das Sortimentsangebot zu ihr. „Lass uns das mal ausprobieren“, drängt Claudia, wenn sie einen neuen Artikel zur Bestellung vorschlägt und Nicole unsicher fragt, ob das wirklich sinnvoll sei. „Wir müssen auch auf unsere Kunden hören und was riskieren!“ „Sie hat ein Händchen fürs Geschäft“, ist Florian überzeugt. Indes hat Peter zwischenzeitlich mehrfach moniert, dass immer wieder neue Artikel eingekauft werden, die den Lagerbestand insgesamt hochtreiben. „Zu kostenintensiv. Das können wir uns nicht leisten!“ Er erwartet von Nicole, dass sie entsprechend auf die Bremse tritt, und bemerkte schon mal sarkastisch, dass sie ja vielleicht auch mit der Einkaufsaufgabe etwas überfordert sei. Claudia überhört sein „Die Dinge kann man nicht einfach so unter der Hand entscheiden, sondern man muss überlegter vorgehen!“.

Florian macht nebenher hobbymäßig die Werbung, Website und Social-Media-Accounts. Die Infos dafür erhält er weitgehend von Nicole. Er war öfters schon „schneller als die bestellte Ware“ und musste deshalb Werbung immer mal wieder ändern. Jetzt ist er verstimmt, weil er mittlerweile die Infos von Nicole auf den allerletzten Drücker erhält und dann alles sofort und gleich passieren soll, was einfach nicht geht.

Unterschiedliche Vorstellungen haben die Beteiligten, wie viel Aufwand Nicole betreiben soll, um den für den Laden anfallenden Verpackungsmüll zu reduzieren. Vor allem die Stretchfolien um die Paletten zur Transportsicherung sind Nicole ein Dorn im Auge. Sie geht einigen Lieferanten nach jeder Lieferung hartnäckig und zeitraubend nach, um hier Änderungen zu bewirken. „Steter Tropfen höhlt den Stein“, ist sie überzeugt. Julia regt das auf: „Egal ob Karton oder Plastik, wenn der Lieferant seine unnötige Verpackung nicht reduzieren will, streichen wir seine Produkte einfach aus unserem Angebot.“ Sie kritisiert Claudia und Nicole, „keine klare Haltung zu haben, sondern sich durchzulavieren“. Peter sieht langsam die ursprüngliche Idee eines Ladens im Tante-Emma-Stil dahinschwinden, weil Claudia und Florian „nur ans Expandieren denken“. Und er unterstützt Julias Vorstoß, verpackungsuneinsichtige Lieferanten zu boykottieren. Das bringt Claudia auf die Palme, die mehr Mut fordert, um den Laden voranzubringen. Es wäre wichtiger, dass Nicole sich verstärkt um regionale Lieferanten bemühe als um die, die wegen der Verpackung nicht mit sich reden lassen.

„Ich sitze zwischen allen Stühlen und kann es niemandem recht machen“, seufzt Nicole im Gespräch mit Andrea, die nicht im Laden mithilft, aber Vereinsmitglied ist. Ob Andrea „nicht mal mit Peter und Claudia sprechen könnte, damit es besser wird“? Das lehnt Andrea ab und erklärt ihr: Sie halte viel davon, direkt miteinander zu reden, und würde Nicole lieber darin unterstützen, die Sache selbst anzupacken, als ihr etwas abzunehmen, was sie selbst tun könne. So kommen sie ins Gespräch darüber, wie Nicole sich den beiden gegenüber erlebt und verhält, wenn sie den Druck verspürt, es ihnen recht machen zu sollen. Nicole wird bewusst, wie sehr sie befürchtet, nicht ernst genommen zu werden, und dass es zum großen Krach kommen könnte. „Es könnte das ganze Projekt gefährden, wenn ich nicht versuche auszugleichen.“ Sie geht aus dem Gespräch mit der Absicht, mit Claudia mal eine ruhige Minute zu finden und ihr zu sagen, wie es ihr geht. Und was genau sie von ihr wolle, müsse sie sich noch überlegen.

Zwei Wochen später trifft sie sich wieder mit Andrea und erzählt, es sei ein „halb-gutes Gespräch“ gewesen. Claudia habe verstanden, dass es Nicole nicht so einfach habe. Und an sich würde sie ihre Zusammenarbeit auch schätzen. Aber dann habe sie sich ziemlich selbstrechtfertigend verhalten, als Nicole sie bat, sich mit Peter besser abzustimmen. Für die Spannungen sei sie ja nicht allein verantwortlich und Nicole könne ja selbst mal mit Peter reden. Zwei Tage später sei Peter wegen einer Kundenreklamation bei ihr vorbeigekommen und habe dabei wieder rumgemault, man würde hier nicht mehr richtig an einem Strang ziehen. Da habe sie ganz spontan gesagt: „Ich meine, wir müssen uns als Ladenteam mal in aller Ruhe zusammensetzen, um über unsere Arbeit zu reden!“ „Dann mach mal!“, hatte er geantwortet. „Ich habe tatsächlich alle eingeladen und übermorgen Abend sitzen wir zusammen. Aber ich weiß ehrlich gesagt nicht, wie das gehen soll – ich bin jetzt schon ganz kribbelig!“, sagt Nicole zu Andrea. Die stellt ihr ein paar Fragen. Was befürchtet und was hofft sie? Was ist nüchtern betrachtet wesentlich für eine Klärung? Was will sie erreichen? Von dieser Denkarbeit hat Nicole sich ein paar Notizen gemacht, „wer, wie und was“. Wichtig war zudem, dass Andrea ihr überlegen half, sich bewusst zu machen: Wie will sie sich verhalten und ihre Sicht und Überzeugungen vertreten? Und bei dieser Wie-Frage war auch die Überlegung aufgekommen, wie sie sich mit einer Geste oder Bewegung selbst helfen könnte, ruhiger zu werden, wenn es aufregend und emotional eng werden sollte. Nicole kam in den Sinn, dass sie unter Druck immer die Schultern hängen lässt und gebeugt dasitzt – und wie sie sich stattdessen sehr bewusst aufrichten könnte.

Kurz nach der Teamsitzung hört Andrea am Telefon eine begeisterte Nicole erzählen: „Das ist richtig gut gelaufen. Anfangs ging es ein bisschen durcheinander und als mein Puls hochging, habe ich tatsächlich dran gedacht: ‚Mich aufrichten, Arme hochnehmen und hinter den Kopf verschränken und für einen Moment tief durchatmen.‘ Das hat wirklich geholfen, innerlich ein bisschen Abstand zu gewinnen. Und dann hatte ich diesen Satz im Kopf: Es geht jetzt nicht darum, wer Recht hat und wer auf welcher Seite steht, sondern wie wir offen und ehrlich miteinander umgehen und die Probleme gemeinsam anpacken. Das habe ich gesagt und war dabei gar nicht so verkrampft wie sonst. Die haben mich mit großen Augen angeschaut, mir zugestimmt – und dann wurde es richtig sachlich. Ich hatte mir ja zum Glück schon überlegt, was mir wichtig ist an dem Laden und worin ich unsere Hauptaufgabe sehe. Und wie ich meine Aufgabe im Einkauf verstehe. Das habe ich denen dann auch gesagt. Plötzlich haben wir ganz anders miteinander gesprochen. Wir haben unsere Erfahrungen und Einsichten der letzten Monate ausgetauscht. Peter konnte sogar sagen, was ihn frustriert, ohne uns unterschwellig Vorwürfe zu machen. Ich glaube, das hat Claudia geholfen, ihm an einer Stelle zu sagen, dass sie dankbar ist für seine Arbeit, auch wenn sie ihn manchmal bremsend erlebe. Vielleicht brauche sie das ja auch ein bisschen." Ja, es sei ein langer Abend geworden. Und noch nicht alles geklärt. Da gäbe es noch einiges miteinander zu tun. Aber die Motivation sei wieder spürbar da. Und darauf könne man aufbauen, resümiert Nicole am Ende des Gesprächs.

Das Ganze hat System – der Mobile-Effekt

Ein Mobile, wie es oft in Kinderzimmern hängt, illustriert die Wirkungskräfte eines emotionalen Beziehungssystems (vgl. S. 76f.). Ein Mobile mit seinen verschiedenen Figuren an den ausbalancierten Bügeln hängt still oder bewegt sich durch einen leichten Luftzug ruhig im Kreis. Wird es an einer Stelle angestoßen, kommt das ganze Mobile (sprich: Beziehungssystem) in Bewegung. Man könnte auch sagen, es kommt durcheinander. Das Mobile (sprich: Beziehungssystem) wird aber alles dafür tun, sich wieder auszubalancieren, um sich im neu gefundenen Gleichgewichtszustand weiterzudrehen. Damit ist die Ausgangsfrage für dieses Kapitel eigentlich schon beantwortet, bevor sie hier gestellt ist. Sie lautet nämlich: „Wie kann ich auf ein angstgespanntes Beziehungssystem positiv verändernd einwirken? Anders gefragt: Kann ein einzelner Mensch überhaupt etwas bewirken? Oder müssten sich nicht doch erst die anderen oder die Umstände ändern?“

Es ändert sich was, wenn eine Person sich anders verhält als bisher und damit die Gleichgewichtskräfte des Systems aus der Balance geraten. Nicole aus dem Unverpackt-Laden ist ein Beispiel dafür, wie ein emotionales Beziehungsfeld in Bewegung kommt, sich neu ausrichtet, verändert, um wieder eine neue – bessere – Balance zu finden.

Hier stehe ich!

„Hier stehe ich, ich kann nicht anders!“, gilt als Luthers berühmtester Ausspruch. Den hat er zwar nie so auf dem Wormser Reichstag 1521 gesagt, sondern er wurde später in die gedruckte Fassung seiner Rede hineinredigiert. Luthers O-Ton lautete: „Da mein Gewissen in den Worten Gottes gefangen ist, kann ich und will ich nichts widerrufen, weil es gefährlich und unmöglich ist, etwas gegen das Gewissen zu tun. Gott helfe mir. Amen.“[31] Wie auch immer: *Hier stehe ich!* sagt so viel wie: Das, was ich hier und jetzt tue oder nicht tue, was ich sage oder nicht sage, was ich will und was ich nicht will, ist begründet. Es hat seinen Grund darin, dass ich mir selbst sicher (geworden) bin in dem, wer ich bin, wie ich bin und worauf es mir im Leben wirklich ankommt.

Hier stehe ich! kommt nicht daher als demonstratives Muskelspiel eines breitspurig dastehenden Selbstdarstellers. Es hat auch nichts mit unbelehrbarer Sturheit, engstirniger Prinzipienreiterei oder Starrsinn zu tun. *Hier stehe ich!* wurzelt in klaren und tief gegründeten Überzeugungen, Prinzipien und Werten, denen ich folge und die dazu angetan sind, Stürme von Angst-Spannung durchzustehen.

Hier stehe ich! ist Ausdruck von emotionalem Selbstmanagement und eine Haltung, die uns in den bisherigen Kapiteln auch schon als selbstdifferenziertes Verhalten begegnet ist. *Hier stehe ich!* meint Eigenständigkeit und besonnene Präsenz, die sich gerade in angstgespannten Situationen bewährt, um standhaft bei mir selbst und bei anderen zu bleiben und verändernd auf das Beziehungssystem einzuwirken. Was aber hilft mir, so zu leben? Was hilft mir, diese Art von Selbstführung einzunehmen und durchzuhalten, wenn es eng und schwierig wird? Was hilft mir, sie zu gewinnen, um Veränderungen zu gestalten und mitgestalten zu können?

Emotionales Selbstmanagement

„Im Brandfall Ruhe bewahren!", fordern Schilder einen in Hotels oder öffentlichen Räumen auf. Das ist leichter gesagt als getan. Ruhe bewahren, wenn man sich aufregt und einem das Herz bis zum Hals schlägt!? Wie soll das gehen? Hier sind ein paar Aspekte, die dazu beitragen können.

Atmen

Ruhiges und tiefes Atmen ist effektiv hilfreich, wenn es darum geht, eine aufregende angstgespannte Situation in den Griff zu bekommen. Wie wir atmen, sagt viel über die aktuelle Gefühlslage aus. Wir atmen flach, wenn wir Angst haben. Wer sich erschreckt, dem stockt der Atem. Ist jemand gestresst, atmet er gehetzt. Körperliche und seelische Funktionen sind durch die Atmung miteinander verbunden. Daher lässt sich eine bewusste Atmung auch nutzen, um den Gemütszustand zu beeinflussen. Allein, den eigenen Atem zu beobachten und zu spüren, wohin der Atem geht, verändert das Atmen bereits. Bewusst atmen, langsam atmen, tief durchatmen bis in den Bauch hilft Angst-Spannung abzubauen. Wer ruhig durchatmet, dessen Herz pocht weniger wild.

Körperhaltung

In dem eingangs geschilderten Beispiel fand Nicole eine Bewegung, die ihr half, Abstand von dem emotionalen Gemenge zu gewinnen. Unser Gemütszustand drückt sich immer auch in der Körperhaltung aus. Umgekehrt geht es auch: Den Gemütszustand können wir durch Körperhaltung beeinflussen. Deshalb tun wir uns etwas Gutes, wenn wir gerade im Stress unsere Körperhaltung bewusst wahrnehmen und durch Bewegung ändern. Sich aufrichten, aufstehen, lächeln, „um den Block laufen" etc. „Kopf hoch", meint Dr. Claudia Croos-Müller wortwörtlich und beschreibt in kleinen Büchern simple und direkt wirksame Körperübungen zum Thema Körperhaltung und Entspannung für gestresste und belastete Leute.[32]

Entspannungsmethoden

Förderlich sind zudem Entspannungsmethoden wie beispielsweise autogenes Training oder progressive Muskelentspannung. Welche der verschiedenen Ansätze einem persönlich da am besten liegen, kann man herausfinden.

Spiritualität

Nahe am Thema Entspannung wird heute auch Spiritualität als Ressource angesiedelt. Dabei geht es dann um verschiedene Ansätze von Meditation, die aus unterschiedlichen religiösen Quellen stammen. Klassischerweise sprechen Christen hier eher vom Gebet. Auch wenn das vielleicht eher als Stoßgebet oder wortreiches Reden praktiziert wird, gibt es hier ebenso das meditierende Gebet, welches einen in das Stillwerden vor Gott und in die Kontemplation führt. Um an dieser Stelle aber nicht missverstanden zu werden: Christliches Verständnis bezeugt das Gebet nicht einfach als eine von vielen Entspannungsmethoden, sondern als interaktive Begegnungsebene zwischen dem Menschen als Geschöpf und Gott seinem Schöpfer.

Gedankenkarussell

Angst-Spannung produziert nicht nur eine hohe Pulsfrequenz, sondern auch ein rasendes Gedankenkarussell. Die Gedanken kreisen zum Beispiel darum, wer recht und wer unrecht hat. Oder inwiefern sich der andere oder die anderen ändern müssten. Vorwürfe an sich selbst oder an andere drehen sich mit im Kreis. Und Vorstellungen, wer was über mich denkt und wer auf meiner Seite steht beziehungsweise gegen mich ist, fahren als Fantasien auf dem Karussell mit. Auch Ideen, was als Nächstes passieren könnte oder müsste, schleudern durch den Kopf. Wahrscheinlich gibt es noch andere Grübeleien auf diesem Gedankenkarussell. Derartige Gedanken zu haben heißt aber nicht, auch wirklich zu denken. Als Gedanken verkleidete Gefühle feuern hier nur um sich. Ein solches Feuerwerk ist jedoch für die Bewältigung von Angst-Spannung eher kontraproduktiv.

Ein kühler Kopf lebt also auch davon, das Gedankenkarussell zu stoppen. Ein Tritt auf die Bremse ist nötig, um aus dem Karussell auszusteigen: „Stopp. Was passiert hier gerade?“ Die Vogelperspektive einzunehmen hilft, um sich selbst besser zu sehen, um festzustellen zu können, was abläuft, und um die Gefühle zu verstehen, die einen umtreiben. Sie sind ja die Reaktionen darauf, wie ich eine Situation deute und bewerte. Und gerade heftige Gefühle (wie z. B. Trauer, Schmerz, Wut, Ärger, Zorn, Enttäuschung etc.) können ihre Feuerkraft auch aus zurückliegenden Erfahrungen beziehen. Aktuelle und frühere Erlebnisse verschmelzen emotional.

Sich seine Emotionen einzugestehen, sie anzunehmen, zu akzeptieren, ohne sich dafür zu schämen oder jemand anderen dafür verantwortlich zu machen, ist wesentlich. Das aktuelle Geschehen aus der Vogelperspektive oder der Position einer unbeteiligten Person zu betrachten, kann dazu beitragen, sich vor allzu belastenden Emotionen zu schützen. Die objektivere Sicht trägt dazu bei, die Situation neu zu bewerten und das Gedankenkarussell zu bremsen.

Gesunder Lebensstil

Der Körper speichert Stress und Angst-Spannung, was unser Denken und Handeln beeinflusst. Mit einem entspannten Körper lässt es sich klarer und vielseitiger denken und handeln. Diese Erfahrung wird jeder selbst schon gemacht haben. Von daher erübrigt es sich fast zu unterstreichen, dass genügend Schlaf und Erholung, frische Luft und Bewegung (die ja nachweislich antidepressiv wirken) sowie eine ausgewogene Ernährung grundsätzlich dazu beitragen, Stress abzubauen. Dass diese Aspekte aber in Zeiten hoher Angst-Spannung erst recht wichtige Ansatzpunkte sind, liegt auf der Hand. Sie zu beachten trägt zu einem gesunden Selbstmanagement und zur Beruhigung des emotionalen Systems bei.

Überlegt handeln

In Kapitel 1 haben wir festgehalten, wie Menschen emotional miteinander verbunden sind und prinzipiell in emotionalen Systemen leben. Wie Angst-Spannung, die man selbst erlebt, immer auch Teil der Angst-Spannung ist, die im Beziehungssystem lebt und aktiv ist. Daher geht es darum, Situationen und Ereignisse aus einer systemischen Perspektive zu betrachten. Damit gewinnen wir ein besseres Verständnis für die wirksame Beziehungsdynamik, deren Aspekte wir in den letzten Kapiteln betrachtet haben. Das hilft, manche Reaktionen besser einzuordnen und entsprechend gelassener zu reagieren, anstatt reaktiv zu handeln. Wir stehen dann weniger in der Gefahr, andere zu pathologisieren oder zu dämonisieren. Die Wirkung von Angst-Spannung zeigt uns: Wir können Ursache und Wirkung zugleich sein. Gewöhnlich sehen wir aber eher, wo Angst-Spannung herkommt, als dass wir wahrnehmen, wo sie hingeht.

Es braucht „besonnene Präsenz", um positive Impulse in angstgespannte Verhältnisse einzubringen. Damit sind wir bei dem in Kapitel 3 ausgeführten Stichwort Selbstdifferenzierung. Selbstdifferenzierung steht dafür, überlegt – also durchdacht, reflektiert – zu handeln. Wegweisend dazu sind jede Menge Fragen, die sich wie folgt gruppieren lassen (in Anlehnung an den Organisationsberater Jeffrey A. Miller).[33]

Sich ein Bild von der Angst-Spannung machen

Auf einem ausreichend großen Blatt Papier die beteiligten Personen mittels Kreisen (Frauen) und Quadraten (Männer) darstellen und mit Namen versehen und dabei genügend Platz für Anmerkungen lassen. Angst-Spannung mit Pfeilen darstellen: Wo kommt sie her – wo geht sie hin? Von wem habe ich Angst-Spannung angenommen – und woher hatte diese Person sie? Worum dreht sich die Angst-Spannung? An wen und wie habe ich Angst-Spannung weitergegeben? Was hat er oder sie daraus gemacht? Mag sein, dass aus der persönlichen Lebensgeschichte heraus auch Personen aus der Vergangenheit und aus früheren Erfahrungen eine Quelle der Angst-Spannung sind, die zwar nicht in den aktuellen Konflikt verwickelt sind, emotional aber trotzdem präsent sind. Dann gehören sie mit auf das Blatt. Beispiel: „Der Zorn, den ich auf Franz habe, wenn er derart verächtlich und gemein mit Konny umgeht, erinnert mich irgendwie daran, wie ich ohnmächtig zusehen musste und panisch geschrien habe, wenn mein Vater meine Mutter schlug."

Dreiecksverbindungen markieren

Wo erkenne ich in der Beziehung zwischen den beteiligten Personen Dreiecksverbindungen (vgl. Kapitel 4)? Wo bin ich beteiligt und worum geht es? Wer ist in der Innenposition und wer in der Außenseiterposition oder dabei, in diese Position zu geraten?

Nähe und Distanz registrieren

Auf welche Weise sind die Kräfte unserer Grundbedürfnisse von Zugehörigkeit und Individualität, von Nähe und Distanz, wirksam (vgl. Kapitel 3)? Mit wem habe oder suche ich eine engere Beziehung – wen meide ich eher? Wo und wie erlebe ich Gruppendruck, mich anzupassen, und wo strebe ich nach mehr Nähe und stärkerer Zusammengehörigkeit? Oder wo und wie geht es anderen oder mir ums Gegenteil: um Abstand, Distanz? Welche Empfindungen und Gedanken unterdrücke ich um Frieden und Gemeinschaft zu erhalten?

Über- und Unterfunktionieren kennzeichnen

Wem gegenüber verhalte ich mich überfunktionierend? Oder unterfunktionierend (vgl. Kapitel 5)? Falls ich in dem Beziehungssystem jemand als Überfunktionierer wahrnehme – wo ist der Unterfunktionierer? Was trage ich dazu bei, dass jemand anders sich überfunktionierend verhalten kann?

Das Verhalten von der Person trennen

Manche konflikthaften Beziehungen stellen sich als Machtkampf dar. Dann könnte es gut sein, dass alle Beteiligten eigentlich kein persönliches Problem miteinander haben, sondern im Grunde mit ungeklärten strukturellen Fragen kämpfen (vgl. Kapitel 6). Selbst eine Aufforderung, sachlich zu bleiben, hilft nicht, weil in der Regel alle Beteiligten genau das schon für sich in Anspruch nehmen. Ob Familie, Arbeitsplatz, Kirchengemeinde oder irgendeine andere Form von Zusammenleben und Zusammenarbeiten – immer geht es hier auch um Kompetenzen, Rollen, Regeln und

Ziele. Diese müssen definiert und bewusst sein. Daher lautet die Frage: Welche Klärungen und Entscheidungen sind notwendig?

Definieren, was mir wichtig ist

Gerade in herausfordernden Situationen kommt es darauf an, für sich festzuhalten und zu klären: Was sind meine Bedürfnisse? Meine Wünsche? Meine Ziele? Meine Empfindungen? Was suche ich? Welche Fakten muss ich klären? Welchen Rahmen mir schaffen? Kurzum: Was brauche ich in einer bestimmten herausfordernden Situation und was muss ich für mich selbst erst mal klären, um gut agieren zu können – und zwar so, dass ich für mich selbst sorge und andere dabei nicht aus dem Blick verliere?

Verantwortung für sich selbst übernehmen

Wissen, wer ich bin

Jeder hat Stärken und Grenzen, Talent und Unvermögen. Manches hat sich schon in frühen Jahren gezeigt, anderes entwickelt sich durch Lernen und Erfahrungen. Es gilt, das, was ich kann und nicht kann, realistisch einzuschätzen. Und es als Gabe beziehungsweise Einschränkung anzuerkennen: „So bin ich, und das ist okay so.“

Das andere, was uns Menschen als Persönlichkeiten ausmacht, sind Überzeugungen, Werte – und zwar solche, die unter keinen Umständen verhandelbar sind. Überzeugungen, Werte und Ziele, für die wir alles geben, die wir uns unter keinen Umständen nehmen lassen. Es sind Leitlinien, nach denen wir bewusst und unbewusst leben. Derartige Überzeugungen, Werte und Ziele können aber nur dann tragfähig für unser Leben und Handeln sein, wenn ich sie auch wirklich für mich reflektiert, geklärt und verinnerlicht haben. Was ich nur irgendwo und irgendwie übernommen habe, mag ein mehr oder weniger flüchtiges Interesse oder eine Faszination sein, ist aber nicht wirklich verankert und macht nicht den Boden aus, auf dem wir fest stehen und wachsen. Wissen, wer ich bin, heißt: Ich kenne mich in meinen Möglichkeiten und Begrenztheiten und weiß, wofür ich stehe und wofür ich bekannt sein will.

Eigene Gestaltungskraft wahrnehmen

In angstgespannten Situationen schauen wir automatisch auf das, wofür wir nichts können, wie uns die Hände gebunden sind, wozu wir nicht in der Lage sind. Wir schauen auch auf das, was andere tun oder unterlassen. Wir können leicht die eigene Ohnmacht beklagen. Und es gibt die weit verbreitete Tendenz, andere verantwortlich zu machen. Der oder die müssen sich ändern, damit alles besser wird. Tatsache ist aber, dass wir selbst als Teil des Beziehungssystems schon die ganze Zeit Einfluss auf die Kräfte im System hatten. Verantwortung für sich selbst zu übernehmen heißt daher, die eigene Gestaltungskraft, die eigene Macht, anzuerkennen und diese in besonnener Weise zu handhaben.

Veränderungen bewirken

> „So lange du das, was du erlebst und wie du dich fühlst, verändern willst, indem du andere in ihrem Verhalten verändern willst, bist du machtlos. In einer angstgespannten Situation bist du selbst die einzige Person, die du ändern kannst."[34]
>
> Jeffrey A. Miller

Eindeutig handeln

Hier stehe ich! Wir hatten vorher gesagt, dass dies Ausdruck einer Eigenständigkeit und besonnenen Präsenz ist, die sich gerade in angstgespannten Situationen bewährt, um standhaft bei mir selbst und bei anderen zu bleiben. Und dass diese Haltung wesentlich dazu beitragen kann, verändernd auf das Beziehungssystem einzuwirken. Wir kommen an dieser Stelle zurück auf das Stichwort

Selbstdifferenzierung. Es steht für besonnene Präsenz, mit der jemand Verantwortung für sich und das eigene Handeln übernimmt. Die setzt dort an, wo Veränderung tatsächlich möglich ist, nämlich bei sich selbst.

Voraussetzung ist, sich selbst mit seinen Stärken und Grenzen zu kennen. Und es erfordert, für sich selbst Überzeugungen, Werte und Ziele geklärt zu haben. Auf dieser Grundlage kann ich wissen und entscheiden, wofür ich stehe und worauf ich mich einlasse oder wo ich mich abgrenze. Das ermöglicht mir, mich gerade in kritischen Phasen nicht vom emotionalen Druck oder Strudel der Ereignisse in einer Gruppe erfassen zu lassen und mich nicht unkontrolliert von den Umständen bestimmen zu lassen.

Selbstdifferenzierung wird kommuniziert in Ich-Aussagen. Dabei geht es um mehr als um das Beachten von Kommunikationsregeln (siehe Kapitel 6). *Hier stehe ich!* Es geht darum, eigenständig durchdacht, also besonnen zu agieren. Also unabhängig davon, was andere denken, fühlen oder tun, und unabhängig davon, ob andere mit mir übereinstimmen, mich (dafür) mögen oder nicht. Diese Art von selbstdifferenzierten Ich-Aussagen ist nicht egoistisch oder rücksichtslos, sondern lebt aus der Fähigkeit, angesichts von eigenen Bedürfnissen und Bedürfnissen in der Gruppe, eigenständig zu handeln und zugleich mit den anderen emotional verbunden zu bleiben. Damit ist auch klar, dass Selbstdifferenzierung fahrlässig missverstanden wäre, wenn jemand keine Kooperationsbereitschaft und Kompromissbereitschaft zeigen würde.

Mit Widerstand rechnen und umgehen

Der ausgepowerte Pastor überdachte nach überstandener Krankheit auch seine Gesamtsituation und seinen Arbeitsstil. Im Gespräch mit einem geistlichen Begleiter klärte er für sich seine Gaben und Grenzen und wie er verantwortlich mit sich und dem ihm Anvertrauten umgehen könne. Mit dem Kirchengemeindevorstand abgesprochen legte er dann einen freien Tag pro Woche fest, gab die Leitung für die Jugendgruppe in andere kompetente Hände. Anfangs war er auch von Gemeindegliedern ermutigt worden, „langsamer zu machen“, „auf sich Acht zu haben“ und „nicht zu viel zu machen“. Doch als er auch begann, einige Gemeindeglieder zu motivieren, sich in einem Besuchsdienst zu engagieren, regte sich Widerstand. „Will der jetzt gar nichts mehr machen?“ „Ich hab letztens dreimal vergeblich versucht, ihn telefonisch zu erreichen – so geht das ja nicht!“ Als die Jugend ein ziemlich lautstarkes Fest gefeiert und Nachbarn sich drüber aufgeregt hatten und kurze Zeit später im Seniorenkreis sich zwei Damen pikiert darüber äußerten, zu ihrem Geburtstag nicht besucht worden zu sein, kamen Stimmen auf wie: „So kann das nicht weitergehen!“, „Das muss sich wieder ändern!“, „Wozu haben wir einen Pastor?“, „Da muss der Vorstand jetzt ein ernstes Wort mit ihm reden, sonst…!“.

Veränderungen gehören zum Leben und Wachsen von Einzelpersonen und Gruppen. Ob sie durch ungewollte Ereignisse oder durch klar überlegte Entscheidungen entstehen, spielt keine Rolle. Sie verunsichern und irritieren. Sie bringen das gewohnte Gleichgewicht eines Beziehungsgeflechts durcheinander. Und das erzeugt Widerstand. Murray Bowen beschreibt die dabei entstehende Dynamik zusammengefasst so: „Die Kräfte des Zusammenhalts widersetzen sich der Differenzierungs-Kraft. Die sich differenzierende Person kann mit folgender dreistufiger Botschaft rechnen: ‚Du irrst dich!‘ – ‚Du liegst falsch. Werde wieder normal und mach die Veränderungen rückgängig.‘ – ‚Wenn du das nicht tust, gibt es folgende Konsequenzen…‘“.[35] Selbstdifferenzierung wird als egoistisches und feindseliges Verhalten gedeutet. Die große Gefahr ist, dann selbst in alte Verhaltensmuster verfallen.

Besonnene Präsenz im Sinn eines *Hier stehe ich!* wird also Widerstand erwarten, ihn als etwas Normales betrachten und gelassen auf „Sabotage“ reagieren. Das heißt, nicht emotional zu reagieren, sondern beharrlich auf Kurs zu bleiben und sich dabei unbedingt darum zu bemühen, mit allen Beteiligten im emotionalen Kontakt zu bleiben.

Nur so kann der potenzielle Reaktivitäts-Kreislauf (vgl. Kapitel 2) durchbrochen werden. Besonnene Präsenz trägt wesentlich dazu bei, dass sich das emotionale Beziehungssystem beruhigt und sich reiferes Verhalten entwickelt. Besonnene Präsenz ist ansteckend. Selbstdifferenziertes *Hier stehe ich!* macht anderen im System Mut, sich ihrerseits selbstdifferenziert zu verhalten.

Da war doch was

Widerstand mobilisiert Angst-Spannung. Das Grundmuster, um damit umzugehen, lernen wir als Kind in unserer Herkunftsfamilie (vgl. Kapitel 2). Beispielsweise schlagen die einen um sich, schlagen zurück (mit Worten, mit Fäusten), andere verteidigen sich oder reagieren mit Schweigen, mit Rückzug oder Beziehungsabbruch.

Wer mehr und mehr darin wachsen will, (auch unter Druck) besonnen zu agieren, kommt nicht umhin, sich mit den typischen Verhaltensmustern in der eigenen Herkunftsfamilie auseinanderzusetzen und langfristig daran zu arbeiten. Das bedeutet auch: Wenn es gelingt, in der eigenen Familie eigenständiger zu handeln und verbunden zu bleiben, wird es auch einfacher sein, sich in anderen Gruppen selbstdifferenziert zu verhalten.

Wer sich mit der Frage näher befassen will, wie die Familie auch über Generationen hinweg prägend wirkt, findet beispielsweise in dem Buch *Der Apfel fällt nicht weit vom Stamm* hilfreiche Anregungen.[36]

Ein Blick in die Bibel

Hier stehe ich! Jesu besonnene Präsenz

Jesus hat alle Hände voll zu tun (Mt 14–15). Menschen mit allerlei Krankheiten und Behinderungen hasten zu ihm und hinter ihm her, um geheilt zu werden. Theologen und Fromme kommen, um mit ihm um die Rechtgläubigkeit zu streiten. Dann sind da auch noch Tausende, die nichts zu essen haben und für die Jesus ein Catering organisiert, wie es noch niemand erlebt hatte. Nicht zuletzt muss er auch noch einen Seenotrettungseinsatz bei seinen panischen Jüngern leisten, über denen die Wellen zusammenschlagen. Bemerkenswert ist: Mitten in all dem will Jesus sich nicht einfach von den drängenden Ereignissen bestimmen lassen, sondern selbst-bewusst und eigenständig handeln, um seinem Weg treu zu bleiben. Deshalb zieht er sich zurück und geht auf einen Berg. Auszeit, Stille, Besinnung und Gebet sind angesagt. Jesus macht das immer mal wieder. Er sorgt für sich selbst, nimmt sich den Freiraum, den er braucht, um im Blick zu behalten, wer er ist, wofür er wirklich steht, wofür er da ist und zu klären, was jetzt dran ist. Nur so kann er besonnen präsent sein und tun, was er zu tun hat.

Selbstdifferenziertes Verhalten lebt Jesus vor und er fordert auch seine Jünger dazu auf (Mt 16). Einmal will er wissen, was die Leute über ihn sagen. Die Jünger zählen ihm auf, für wen die Leute ihn alles so halten: Für Johannes den Täufer, für eine der altbekannten Figuren wie Elia, Jeremia oder irgendeinen anderen Propheten. Da fordert er sie zu einer eigenen Meinung heraus: „Was sagt ihr denn, wer ich bin?“ Petrus beantwortet die Frage mit: „Du bist der Christus, der Sohn des lebendigen Gottes!“

Spannend ist, wie die Sache dann weitergeht, nämlich typisch für aufkommende Angst-Spannung und Widerstände angesichts absehbarer irritierender Veränderungen. Jesus bestätigt dem Petrus, dass er mit seiner Antwort im Sinn Gottes richtigliegt. Das nimmt er zum Anlass, Petrus besonders in die Pflicht zu nehmen.

Er sieht in ihm einen Felsen, auf dem er seine Gemeinde aufbauen kann. Auf diese Klärung gründet Jesus dann die nächste *Hier stehe ich!*-Lektion der Jüngerschaft. In besonnener Eigenständigkeit nimmt Jesus Abstand von den in ihn gesetzten allgemeinen Erwartungen: dem triumphalen Einmarsch in Jerusalem, der Vertreibung der Römer und der Übernahme der Macht. Diese Hoffnungen teilen die Jünger mit weiten Teilen des Volkes und müssen nun hören, dass Jesus stattdessen mit seiner Hinrichtung rechnet und auch bereit ist, diesen Weg zu gehen. Das löst extreme Angst-Spannung bei den Jüngern aus und Petrus leistet sofort Widerstand. Er nimmt Jesus beiseite und redet ihm ins Gewissen: „Das darf auf keinen Fall passieren – ändere deine Haltung!" Doch Jesus gibt diesem angstspannungsgeladenen Druck nicht nach. Den eben noch als Fels der Gemeinde bezeichneten Petrus weist er als „Durcheinanderbinger" scharf in die Schranken. In seiner besonnenen *Hier stehe ich!*-Manier bewahrt Jesus seine eigenständige, selbstdifferenzierte Haltung, ohne die Verbundenheit mit Petrus aufzugeben.

Hier stehe ich! Biblische Texte zu meditieren hilft, in Gott verwurzelt zu sein und unter anderem mehr Unabhängigkeit von schwierigen Umständen zu finden (Jer 17,5–8). Gleichzeitig erinnern uns Texte wie das Markusevangelium aber auch daran, wie Jesu Jünger immer wieder versagen und Jesus trotzdem oder deshalb mit ihnen dranbleibt und ihnen Großes anvertraut. Sich das zu vergegenwärtigen kann helfen, die Bedeutung von selbstdifferenzierter Eigenverantwortung und Barmherzigkeit mit sich selbst zusammenzuhalten. „Hier stehe ich! Vor dir Gott!", wird schließlich auch zum „Sich-selbst-Gott-hinhalten" im Gebet. Auch das bringt uns Jesus nahe. Von daher motiviert die geistliche Perspektive, uns selbst und andere Menschen als Geschöpfe Gottes wertzuschätzen, so wie wir sind.

? Welche Erfahrungen haben Sie mit den unter „Emotionales Selbstmanagement" aufgeführten Aspekten (S. 123–127? Was hilft Ihnen, ruhiger zu werden?

Reflektieren Sie eine aktuelle oder vergangene Situation anhand des Vorschlags „Sich ein Bild von der Angst-Spannung machen" und tragen Sie weitere relevante Gesichtspunkte ein, die im Abschnitt „Überlegt handeln" angesprochen sind.

Welche Erfahrung haben Sie gemacht und wie haben Sie sich verhalten, um in einer bestimmten Situation Veränderung zu bewirken? Was ist dabei gelungen und was misslungen – und warum?

Welche der hier kennengelernten Aspekte wollen Sie verstärkt einüben?

In welchen Begegnungen Jesu mit Menschen finde ich Beispiele für selbstdifferenziertes Verhalten und besonnene Präsenz?

NACHWORT

Vielleicht ist es zum Schluss gut, erst einmal tief durchzuatmen. Abstrakte Begrifflichkeiten wie eindeutiges Handeln, selbstdifferenziertes Verhalten, besonnene Präsenz, überlegtes Vorgehen, emotionales Selbstmanagement, eigenständiges Agieren und emotionale Verbundenheit könnten den Eindruck erwecken, alles sei erfolgreich in den Griff zu bekommen, wenn ich nur „mein Zeugs geklärt habe – oder hätte". Sie mögen einen vielleicht sogar unter Erfolgsdruck setzen: Mit souveräner Selbstführung würde alles problemlos funktionieren. Dann würde ich jede Angst-Spannung bewältigen. Dann hielte ich jedem unguten Druck stand. Dann würden verheißungsvolle Veränderungen passieren.

Tatsache ist: Indem wir es üben, wachsen wir in der Fähigkeit, uns selbstdifferenziert zu verhalten. Das motiviert und macht mutig. Tatsache ist aber ebenso: Wir fallen immer wieder auch in alte Muster zurück. Dann und wann sabotieren wir unsere eigenen Bemühungen. Doch das ist okay. Denn: Wir üben Selbstdifferenzierung. Wir üben gelassene Präsenz. Wir üben Besonnenheit. Das wortwörtlich zu nehmen entlastet! Es gelingt – mal mehr, mal weniger, mal gar nicht, mal richtig gut. Aber wir üben weiter, eindeutig zu handeln. Wir üben, uns selbstdifferenziert zu verhalten. Wir bleiben Lernende. Unser ganzes Leben lang.

Gebet um besonnene Präsenz

(Franz von Assisi zugeschrieben)

O Herr, mache mich zum Werkzeug Deines Friedens,

dass ich Liebe übe, wo man sich hasst,
dass ich verzeihe, wo man mich beleidigt,
dass ich verbinde, wo Streit ist,
dass ich ein Licht anzünde, wo die Finsternis regiert,
dass ich Freude bringe, wo der Kummer wohnt,
dass ich Hoffnung wecke, wo Verzweiflung quält.

Ach Herr, lass Du mich trachten:

nicht, dass ich geliebt werde, sondern dass ich liebe,
nicht, dass ich verstanden werde, sondern dass ich verstehe,
nicht, dass ich getröstet werde, sondern dass ich tröste.

Denn wer da hingibt, der empfängt;
wer sich selbst vergisst, der findet;
wer verzeiht, dem ist verziehen;
und wer mit Dir stirbt, der erwacht zum ewigen Leben. Amen.

„Ich bin niemand anders als ich selbst und brauche auch kein anderer zu sein. Nur anders will ich noch werden, nämlich noch mehr ich selbst – so wie Gott mich sieht und ich mich immer wieder erkenne, so wie Gott mich will und ich mich selbst schätze."

Hans-Joachim Eckstein

ANHANG

Das Buch als Kurs in Gruppen durchführen und Vertiefungsgruppen gestalten

Vertiefungsgruppe bilden

Verwenden Sie das Buch als Kursmaterial und starten Sie eine Vertiefungsgruppe.

Zwei Möglichkeiten: Sie führen den Kurs mit

- einer bereits bestehenden Gruppe aus Ihrer Kirchengemeinde oder Organisation durch, wie z. B. Teams, Zellgruppen, Hauskreise, Leitungskreise etc., oder
- einer speziell für diesen Zweck gebildeten Projektgruppe (mit Menschen aus Ihrer Gemeinde oder Organisation) durch.

Schaffen Sie gute Startbedingungen

Interessierte sind bereit, an acht Treffen teilzunehmen und das jeweilige Buchkapitel begleitend (vorbereitend zu den Treffen) zu lesen.

Planen Sie von Beginn an die Termine so, dass der Kurs zusammenhängend durchgeführt werden kann. Idealerweise liegt der Zeitraum zwischen den Treffen bei zwei Wochen. Das lässt genügend Zeit, Einsichten auszuprobieren, und hält den Spannungsbogen aufrecht, um am Thema dranzubleiben. Um das zu gewährleisten, sollte der Abstand zwischen den Treffen auf keinen Fall größer als vier Wochen sein. Nutzen Sie eine E-Mail, WhatsApp-Nachricht oder Ähnliches zwischen den Treffen, um einander an neue Blickwinkel zu erinnern und einander zu ermutigen. Vorlagen und Anregungen dazu finden Sie auf unserer Webseite für Kursleitende (siehe Einleitung).

Die Gruppe hat idealerweise zwischen 5 und 10 Teilnehmende. In diesem Rahmen können alle zu Wort kommen und man kann bei Bedarf die Gruppe sinnvoll in zwei Gruppen teilen sowie zeitweise in Zweier- oder Dreiergespräche gehen.

Ist die Gesamtzahl der Teilnehmenden größer als 10, sollten die Vertiefungsgespräche grundsätzlich in kleineren Untergruppen durchgeführt werden, um allen die Möglichkeit einer aktiven Beteiligung zu erlauben.

Sorgen Sie dafür, dass alle Teilnehmenden das Buch zur Hand haben, um es begleitend zum Kurs zu lesen.

Gruppen leiten und Treffen gestalten

Begrüßung – Einstieg

Für das erste Treffen (10–15 Minuten):

Herzlich willkommen! Einstieg

- bei bestehenden Gruppen (in denen die Teilnehmenden einander bekannt sind) entsprechend der Gepflogenheit ihrer sonstigen Treffen – verbunden mit der Frage: „Was reizt mich an diesem Kurs?"
- bei Gruppen, deren Teilnehmende einander nicht kennen: Vorstellungsrunde: Teilnehmende stellen sich in eine Runde. Reihum nennt jede/r seinen/ihren Namen und macht dazu eine wortlose Geste, die ihm/ihr zum Kursthema einfällt. Die Gruppe wiederholt den Namen und die Geste. Das Ganze geschieht unkommentiert.

Infos und Vereinbarungen (5–7 Minuten)

- Sie geben Informationen zum Ablauf der Treffen.
- Gruppenregeln
  dienen der Sicherheit und Vertrauensbildung unter den Teilnehmenden. Sie erarbeiten Regeln entweder in der Gruppe miteinander im Brainstorming oder schlagen folgende Punkte (abgewandelt und ergänzt) vor und vereinbaren miteinander:
  - Jede/r spricht nur für sich: „Ich" statt „man" oder „wir".
  - Wir hören einander wertschätzend zu.
  - Wir reden nicht gleichzeitig und führen nebenher keine Seitengespräche.

- Wir achten Grenzen: Jede/r ist frei, wie viel er/sie von sich mitteilen will.
- Wir respektieren Eigenständigkeit. Beim Erfahrungsaustausch gibt es kein „richtig“ oder „falsch“.
- Wir wahren Vertraulichkeit. Was in der Gruppe erzählt wird, ist persönlich und wird nicht nach außen getragen. Darauf sollen sich alle in der Gruppe verlassen können.

Zustimmung für alle sichtbar herstellen („Ja“, Kopfnicken o. Ä.)

Für alle weiteren Treffen:

Herzlich willkommen! Einstieg (10–15 Minuten)

Laden Sie zu einer kurzen Austauschrunde über Erfahrungen ein, die man in der Zwischenzeit anhand des letzten Themas gemacht hat. „Kurz“ heißt: pro Teilnehmende 1–2 Minuten.

Eventuell erinnern Sie an die Gruppenregeln.

Hinführung (20 Minuten)

Stellen Sie das Thema der heutigen Einheit vor.

Video gemeinsam anschauen.

Tauschen Sie sich kurz aus über Verständnisfragen und/oder „Welcher Punkt trifft eine Erfahrung aus meinem Alltag?“.

Input (10–20 Minuten)

Erhellen Sie die Thematik durch Vortragen wesentlicher Abschnitte, die Sie zusammenfassen.

Räumen Sie bei Bedarf Lesezeit ein für einen Abschnitt im anstehenden Kapitel.

Nehmen Sie Fragen und Anmerkungen aus der Gruppe auf, die das Verständnis der Thematik vertiefen.

Vertiefung (20 –30 Minuten)

Um das Thema für das eigene Leben zu konkretisieren, nutzen Sie die Reflexionsfragen im jeweiligen Kapitel. Wählen Sie aus, passen Sie die Fragen an Ihre Situation an oder kreieren Sie eigene Fragen.

Abschluss (ca. 10 Minuten)

Schritt 1

Geben Sie die Möglichkeit, kurz etwas Wesentliches und bisher Ungesagtes zum Thema der Einheit loszuwerden, ohne in eine neue Diskussionsrunde zu geraten.

Sollte der Beitrag für alle in der Gruppe relevant sein und Diskussion erfordern, vereinbaren Sie, wann und wo Sie das aufgreifen.

Sollte der Beitrag eine persönliche Aussprache erfordern, bieten Sie der Person diese Möglichkeit im Anschluss an das Gruppentreffen an bzw. sorgen Sie für eine entsprechende Möglichkeit.

Schritt 2

Individuelle stille Reflexion (3 Minuten – ohne weiteren Austausch)

Geben Sie den Teilnehmenden Zeit und Gelegenheit, schriftlich für sich festzuhalten:

- Das ist mir heute wichtig geworden: …
- Darauf will ich konkret achten: …
- Wie und wann / in welchem Zusammenhang / mit welchen Personen: …

Schritt 3

Blitzlichtrunde

Laden Sie die Teilnehmenden ein, zu sich persönlich einen Satz sagen:

- wie ich mich jetzt fühle;
- Mein „Aha-Erlebnis" im Gruppentreffen.

Austausch und Gespräche moderieren

- Achten Sie darauf, dass möglichst alle zu Wort kommen. Ermuntern Sie die Teilnehmenden zum Sprechen, aber respektieren Sie immer die Freiheit, sich zu äußern oder nicht.
- Achten Sie auf die Zeit – machen Sie konkrete Zeitvorgaben (3–5 Minuten für einen kurzen Austausch z. B. im Seitengespräch oder Minigruppe).
- Je kürzer oder je geschützter und persönlicher der Austausch sein soll, desto kleiner sollte die Gruppe sein – also zwei oder drei Personen.
- Halten Sie im Austausch – in der Plenumsrunde – Fragen oder Anmerkungen fest, die entweder die ganze Gruppe betreffen oder die von ihr in irgendeiner Weise aufgegriffen und bearbeitet werden sollten.

Zusätzliche Anregungen für die Gestaltung

der Gruppentreffen finden Sie auf der Website *www.bienenberg.ch* zum Download.

ANMERKUNGEN

1 In Anlehnung an: Lombard Mennonite Peace Center, Healthy Congregations: Manual Supplement, S. E-6, eigene Übersetzung.

2 Israel Galindo, *The Hidden Lives of Congregations: Understanding Congregational Dynamics.* Alban Institute 2004.

3 Der Begriff *Angst-Spannung* ist die Wiedergabe des englischen Wortes *anxiety*, das zu den Grundbegriffen der Bowen Systems Theory gehört. Elemente dieses systemischen Ansatzes liegen den Ausführungen im Buch zugrunde.

4 Gerald Hüther, *Mit Freude lernen – ein Leben lang: Weshalb wir ein neues Verständnis vom Lernen brauchen.* Göttingen 2016, S. 119.

5 Anke Maggauer-Kirsche, *1948, deutsche Lyrikerin, Aphoristikerin und ehemalige Betagtenbetreuerin in der Schweiz.

6 Peter Steinke, *Congregational Leadership In Anxious Times. Being Calm and Courageous no Matter What.* Alban Institute 2006, S. 15–17.

7 In Anlehnung an: Lombard Mennonite Peace Center, *Healthy Congregations: Manual Supplement,* 2001, S. B1, eigene Übersetzung.

8 Edwin H. Friedman, *A failure of Nerve: Leadership in the Age of the Quick Fix.* Maryland 2007, S. 40–47 und 73–123.

9 Michel E. Kerr, Murray Bowen, *Family Evaluation: An Approach based on Bowen Theory.* New York 1988, S. 74 – eigene Übersetzung.

10 Arthur Schopenhauer, *Sämtliche Werke*, Band 5, Wolfgang von Löhneysen u. a. (Hrsg.), *Parerga und Paralipomena.* Stuttgart 1965, S. 765.

11 Thomas Härry, *Von der Kunst, sich selbst zu führen*, Witten 2015^2, S. 249.

12 Marcus Weiand, „Systemische Selbstführung", unveröffentlichtes Manuskript zum Seminar, 2015.

13 Thomas Härry, a. a. O., S. 230.

14 Edwin H. Friedman, *Friedman's Fables.* New York 1990, S. 175–178 – eigene Übersetzung.

15 Thomas Härry, a. a. O., Kapitel 16–19.

16 Madeleine Bähler, Unveröffentlichtes Unterrichtsmaterial Selbstkompetenz III, Selbst-Führung aus systemischer Perspektive, TDS Aarau 2010.

17 Roberta M. Gilbert, *Extraordinary Relationships: A New Way of Thinking About Human Interaction.* New York 1992, S. 72, eigene Übersetzung.

18 Siehe Roberta M. Gilbert, a. a. O., S. 67.

19 Jeffrey A. Miller, *The Anxious Organization.* Miami 2019, S. 145, eigene Übersetzung.

20 Vgl. Thomas Gordon, *Familienkonferenz – die Lösung von Konflikten zwischen Eltern und Kind.* München 2012, aktualisierte Ausgabe.

21 Vgl. Marshall B. Rosenberg, *Gewaltfreie Kommunikation – eine Sprache des Lebens.* Paderborn 2016, 12., überarbeitete Auflage.

22 Vgl. Friedemann Schulz von Thun, *Miteinander reden – Störungen und Klärungen.* Reinbek 2009[47].

23 Edwin H. Friedman, *Generation to Generation – Family Process in Church and Synagogue.* New York 1985, S. 20f.

24 Vgl. Lukas Lengersdorff, *Scapegoating: Sozialpsychologische Erklärungen für das Phänomen des Sündenbock-Denkens.* http://www.helga-schachinger.com/neue_pdfs_dezember2010/suendenbock_denken.pdf, Download: 30.11.2019.

25 René Girard, Jesus und der Sündenbock – Interview DIE ZEIT 23.3.2005 Nr. 13. Siehe auch: René Girard, *Ich sah den Teufel vom Himmel fallen wie einen Blitz.* München 2008.

26 Richard Blackburn, „Denn sie wissen nicht, was sie tun", in: Seminarunterlagen „Konflikte haben System", 2011, Institut Compax für Konflikttransformation/Lombard Mennonite Peace Center.

27 Lukas Lengersdorff, a. a. O.

28 Stephan Krebs, https://www.kirche-im-hr.de/sendungen/31-suendenboecke/, Download: 17.10.2019.

29 Stephan Krebs, a. a. O.

30 René Girard, Jesus und der Sündenbock.

31 Hartmut Schade, „Hier stehe ich …!" *MDR Kultur* am 1.7.2017 um 14.15 Uhr https://www.mdr.de/reformation500/martin-luther-hier-stehe-ich-refjahr-100.html, Download 9.12.2019.

32 Claudia Croos-Müller, *Kopf hoch – Das kleine Überlebensbuch – Soforthilfe bei Stress, Ärger und anderen Durchhängern.* München 2011.

Claudia Croos-Müller, *Nur Mut – Das kleine Überlebensbuch – Soforthilfe bei Herzklopfen, Angst, Panik & Co.* München 2012.

33 Jeffrey A. Miller, a. a. O., S. 148ff.

34 Jeffrey A. Miller, a. a. O., S. 178, eigene Übersetzung.

35 Murray Bowen, *Family Therapy in Clinical Practice.* New York und London 1978, S. 216.

36 Jost Wetter-Parasie und Luitgard Parasie, *Der Apfel fällt nicht weit vom Stamm – Wie unsere Familie unser Leben bestimmt.* Stuttgart 2002.

VERWENDETE BIBELÜBERSETZUNGEN

Die Bibel nach Martin Luthers Übersetzung, revidiert 2017 © 2016 Deutsche Bibelgesellschaft, Stuttgart (*Luther 2017*).

Revidierte Elberfelder Bibel (Rev. 26) © 1985/1991/2008 SCM R. Brockhaus im SCM-Verlag GmbH & Co. KG, Witten (*Elberfelder*).

Bibeltext der Neuen Genfer Übersetzung – Neues Testament und Psalmen. Copyright © 2011 Genfer Bibelgesellschaft (NGÜ).

Gute Nachricht Bibel, revidierte Fassung, durchgesehene Ausgabe, © 2000 Deutsche Bibelgesellschaft, Stuttgart (GN).

Einheitsübersetzung der Heiligen Schrift, vollständig durchgesehene und überarbeitete Ausgabe © 2016 Katholische Bibelanstalt, Stuttgart (E).

Bibel in gerechter Sprache © 2006 Gütersloher Verlagshaus (*BigS*).

ZUM WEITERLESEN

Barnow, Sven, *Gefühle im Griff – Wozu man Emotionen braucht und wie man sie reguliert.* Berlin, Heidelberg 2014.

Berkhan, Barbara, *Die etwas gelassenere Art, sich durchzusetzen.* München 2003.

Dietz, Ingeborg und Thomas, *Selbst in Führung – Wege zur Selbstführung in Coaching und Selbst-Coaching.* Paderborn 2011[3].

Friedman, Edwin H., *Generation to Generation – Family Process in Church and Synagogue.* New York and London 1985.

Galindo, Israel, *The Hidden Lives of Congregations – Understanding Congregational Dynamics.* Herndon, Virginia 2004.

Girard, René, *Ich sah den Satan vom Himmel fallen wie einen Blitz – Eine kritische Apologie des Christentums.* Verlag der Weltreligionen im Insel Verlag 2008.

Goldhor, Lerner, *Zärtliches Tempo – Wie Frauen ihre Beziehungen verändern, ohne sie zu zerstören.* Frankfurt am Main 1992.

Goldhor, Lerner, *Wohin mit meiner Wut? Neue Beziehungsmuster für Frauen.* Frankfurt am Main 2008[6].

Härry, Thomas, *Von der Kunst, sich selbst zu führen.* Witten 2018[7].

Härry, Thomas, *Die Kunst des reifen Handelns.* Holzgerlingen 2019[2].

Hell, Daniel, *Lob der Scham – Nur wer sich achtet, kann sich schämen.* Gießen 2018.

Hüther, Gerald, *Biologie der Angst – Wie aus Stress Gefühle werden.* Göttingen 2011.

Hüther, Gerald, *Was wir sind und was wir sein könnten – Ein neurobiologischer Mutmacher.* Frankfurt am Main 2011.

Kast, Verena, *Abschied von der Opferrolle – Das eigene Leben leben.* Freiburg 2005[6].

Kiechle, Stefan, *Macht ausüben – Ignatianische Impulse.* Würzburg 2010[3].

Lederach, John Paul, *Vom Konflikt zur Versöhnung. Kühn träumen – pragmatisch handeln.* Schwarzenfeld 2016.

Löhken, Sylvia, *Leise Menschen – starke Wirkung. Wie Sie Präsenz zeigen und Gehör finden.* Offenbach 2013.

Miller, Jeffrey A., *The Anxious Organization – Why Smart Companies Do Dumb Things.* Miami 2019[3].

Ott, Bernhard, *Tänzer und Stolperer – Wenn die Bergpredigt unseren Charakter formt*. Cuxhaven 2019.

Patterson et al., *Heikle Gespräche – Worauf es ankommt, wenn viel auf dem Spiel steht*. Wien 2012.

Scazzero, Peter, *Glaubensriesen – Seelenzwerge? Geistliches Wachstum und Emotionale Reife*. Gießen 2008.

Steinke, Peter L., *Congregational Leadership in Anxious Times – Being Calm and Courageous No Matter What*. Herndon, Virginia: The Alban Institute 2006.

Storch, Maja/Tschacher, Wolfgang, *Embodied Communication – Kommunikation beginnt im Körper, nicht im Kopf*. Bern 2016[2].

Wetter-Parasie, Jost und Parasie, Luitgardis, *Der Apfel fällt nicht weit vom Stamm? Wie unsere Familie unser Leben bestimmt*. Gießen 2002.

Zehr, Howard, *Fairsöhnt – Restaurative Gerechtigkeit. Wie Opfer und Täter heil werden können*. Schwarzenfeld 2010.

ZUM AUTOR

Frieder Boller, Jahrgang 1951, studierte nach mehrjähriger Tätigkeit als Sozialtherapeut Theologie in Gießen und Fresno (Kalifornien, USA). Seit 1987 ist er als freikirchlich-mennonitischer Pastor tätig, durch diverse Weiterbildungen seit 2000 als freiberuflicher Berater und Trainer für Konflikttransformation.

Friedenskirchlich motiviert, hat er als Leiter des Bildungszentrums Bienenberg (2009–2017) in Liestal (Schweiz) mit einem Team das *Institut Compax für Konflikttransformation* aufgebaut. Dessen Ziel ist es, durch Weiterbildung, Coaching und Beratung Menschen darin zu fördern, konstruktiv mit Konflikten umzugehen und sie in ihrem Persönlichkeitswachstum zu unterstützen.

Frieder Boller ist verheiratet mit Gabriele, die beiden haben zwei erwachsene Söhne und leben in Ingolstadt (Deutschland).

DAS INSTITUT COMPAX FÜR KONFLIKTTRANSFORMATION

Hier finden Sie:

- weiterführende Seminare, Tagungen, Videos und Literatur
- Weiterbildungen zum Konfliktberater/in mit CAS-Zertifikat
- Beratungs- und Moderationsangebote in Konfliktsituationen oder herausfordernden Entscheidungsprozessen

Wir arbeiten auf biblischer Grundlage, auf der Basis wissenschaftlicher Erkenntnisse der Konfliktforschung und mit Methoden der Konflikttransformation. Dies tun wir aus mennonitisch-täuferischer Perspektive.

- Wir wollen einen Beitrag zum Frieden Gottes (Schalom) in der Welt leisten und daran mitwirken, eine Kultur des Friedens zu verwirklichen.
- Unser Ziel ist, dass Menschen Konflikte als Chancen wahrnehmen und darauf vertrauen, dass Gottes Geist mit, in und unter uns Neues schaffen kann.

Das *Institut Compax für Konflikttransformation* ist eine Fachstelle des Bildungszentrum Bienenberg in Liestal bei Basel. Wir arbeiten in Deutschland, Österreich und der Schweiz für Einzelpersonen, Teams, Non-Profit-Organisationen, Kirchgemeinden und Unternehmen. Zwei Weiterbildungen werden zur Zeit in Partnerschaft mit der AWM in Korntal bei Stuttgart und der Universität Fribourg (Schweiz) angeboten.

Abonnieren Sie unser kostenloses Magazin (zweimal jährlich) und unseren Newsletter.

www.compax.org

BIENENBERG
INSTITUT COMPAX

DIE EDITION BIENENBERG IM NEUFELD VERLAG

Band 1 (2005): Martin Forster/Hanspeter Jecker (Herausgeber), ***Faszination Heiliger Geist*** – *Herausforderungen charismatischer Frömmigkeit* (nur noch direkt beim Bildungszentrum Bienenberg erhältlich)

Band 2 (2005): Thomas R. Yoder Neufeld, ***Christus ist unser Friede*** – *Die Kirche und ihr Ruf zu Wehrlosigkeit und Widerstand* (nur noch direkt beim Bildungszentrum Bienenberg erhältlich)

Band 3 (2011): John Howard Yoder, ***Die Politik des Leibes Christi*** – *Als Gemeinde zeichenhaft leben*

Band 4 (2012): John Howard Yoder, ***Die Politik Jesu***

Band 5 (2014): Stuart Murray, ***Nackter Glaube*** – *Christsein in einer nachchristlichen Welt*

Band 6 (2017): Lukas Amstutz/Hanspeter Jecker (Herausgeber), ***Fit für die Welt!?*** *Beiträge zu einer friedenskirchlichen Theologie und Gemeindepraxis*

Band 7 (2019): Bruxy Cavey, ***Jesus. Punkt.*** *Gute Nachricht für Suchende, Heilige und Sünder*

Band 8 (2020): Frieder Boller, ***Selbstführung in stürmischen Zeiten*** – *Wie wir krisenfester und konfliktfähiger werden*

DAS LEBEN IST
EINE LERNREISE.
THEOLOGIE
INSPIRATION
COMPAX
LEITUNG
Mit täuferisch-friedenstheologischen Werten & Überzeugungen
- fördern wir einen glaubwürdigen Lebensstil
- begleiten wir Gemeinden mit inspirierenden Seminaren
- stärken wir Konfliktfähigkeit mit Coaching und Weiterbildungen
www.bienenberg.ch
BIENENBERG
BILDUNG IM ZENTRUM

WEITERE BÜCHER AUS DEM NEUFELD VERLAG

Timothy J. Geddert, ***Verantwortlich leben*** – *Wenn Christen sich entscheiden müssen.* ISBN 978-3-937896-49-6, 5. Auflage 2019

Jayson Georges, ***Mit anderen Augen*** – *Perspektiven des Evangeliums für Scham-, Schuld- und Angstkulturen.* ISBN 978-3-86256-090-5, 2. Auflage 2019

John Paul Lederach, ***Vom Konflikt zur Versöhnung.*** *Kühn träumen – pragmatisch handeln.* ISBN 978-3-86256-068-4, 2016

Ulrich Müller, ***Heimat finden*** – *Impulse aus dem Buch Rut.* ISBN 978-3-86256-086-8, 2018

Bernhard Ott, ***Tänzer und Stolperer*** – *Wenn die Bergpredigt unseren Charakter formt.* ISBN 978-3-86256-156-8, 2019

Bernhard Ott, ***Wegbegleiter in Krisenzeiten*** – *Impulse von Martin Buber.* ISBN 978-3-86256-165-0, 2020

Daniel Plessing, ***Leichter leben ohne Sorgen.*** ISBN 978-3-86256-088-2, 2018

Alfred und Sylvia Sobel, ***Stärke fürs Leben entwickeln*** – *So meistern Sie den Alltag mit einem behinderten Kind.* ISBN 978-3-86256-096-7, 2018

Gary L. Thomas, ***Die Kraft der unscheinbaren Kleinigkeiten*** – *Vom Abenteuer, Jesus ähnlich zu werden.* ISBN 978-3-86256-028-8, 2012

Howard Zehr, ***Fairsöhnt.*** *Restaurative Gerechtigkeit – Wie Opfer und Täter heil werden können.* ISBN 978-3-937896-96-0, 2010

Daniel Zindel, ***Geistesgegenwärtig führen*** – *Spiritualität und Management.* ISBN 978-3-937896-72-4, 3. Auflage 2012

Daniel Zindel, ***Gestillt*** – *Nachtgespräche mit David.* ISBN 978-3-86256-051-6, 2014